U0904345

周晴自选集

长篇小说卷

紫露香凝

文汇出版社

图书在版编目(CIP)数据

紫露香凝/周晴著.—上海：文汇出版社，2011.7

（中国当代儿童文学名家书系·周晴自选集）

ISBN 978-7-5496-0220-9

Ⅰ.①紫… Ⅱ.①周… Ⅲ.①儿童文学—长篇小说—中国—当代 Ⅳ.①I287.45

中国版本图书馆CIP数据核字(2011)第102233号

紫露香凝

（周晴自选集·长篇小说卷）

作　　者/周　晴
责任编辑/乐渭琦
装帧设计/赵晓音

出 版 人/桂国强

出版发行/文匯出版社
上海市威海路755号
（邮政编码200041）
经　　销/全国新华书店
照　　排/南京展望文化发展有限公司
印刷装订/上海港东印刷厂
版　　次/2011年7月第1版
印　　次/2011年7月第1次印刷
开　　本/890×1240　1/32
字　　数/160千
印　　张/8.25

ISBN 978-7-5496-0220-9
定　　价/16.00元

目　录

紫露香凝

一

朦胧中,我看到远处飘来一袭紫色长裙。

妈妈!难道是她?

虽然那身影很飘渺,但那种飞翔的感觉我喜欢!

我想伸出手抓住她,但手像是被什么控制了,动弹不得;我想张大眼睛看个真切,可我的眼睛好酸,用尽了力气也睁不开来!

我这是怎么了?为什么总是这样力不从心?而那紫色却飘了起来,好像随时会在我眼前消失。别走,妈妈!我想找一双翅膀飞起来,我想大声叫住她,但我却发不出声音来……

我一着急,猛地睁开眼,急出了一身冷汗,原来又是一场梦!

夜,已经很深了,外公大概睡着了,我甩甩头,从椅子上站了起来,张开双臂松一下筋骨,伸了个懒腰,抬头看看床头上方的盐水瓶,药水终于快到瓶口了,我按下了墙壁上的电铃,然后完全是下意识地,我看了下表,11点都过了。

不一会儿,护士走进了病房。我指指盐水瓶,放心地朝护士点点头,又蹲下身子轻轻替外公盖好被子,"我走了!明天见。"我说得很轻,生怕影响了其他病人的休息,然后背起书包,蹑手蹑脚地走出了病房。

这里是一家三级医院,设施不错,但晚上这个时候,电梯已经停运了。想到要从8楼独自一个人走下去,我就很害怕,一路摸索着往下走,一路不停地转弯,说老实话,我的心里充满了怅惘,未来会如何呢?不知道!或者更准确地说,我不想去弄个明白!

快一个月了,病房里那种逼人的气息一直主导着我的生活,几乎把我弄得喘不过气来。读书重要,还是外公重要?这个问题让我想不明白。真的,我现在的日子,就像在夜深人静的时候走这条没有灯光的楼梯一样艰难。永远不知道还有多少黑暗等在前头,却只能一往无前!

终于到了,推开底楼那扇重重的黑漆门时,我长长地舒了口气,又是个没有月亮的夜晚。快走,我一边催促自己,一边很快地用眼睛朝马路对面的那根电线杆望去,还没等我的目光从那地方收回来,就看到晓凡兴奋地推着自行车朝我这里招手:"紫怡,今天怎么这么晚啊?"

忽然心里就很温暖,但嘴上却说:"晓凡,都这么晚了!和你说过多少次了,你怎么还来啊,你妈妈知道又要骂你了。"

"我看到你家没灯光,怕你一个人走黑路害怕呀!"晓凡扬扬手上的书,憨憨地笑了。

"你放心,我妈妈不知道的。再说,我一直在看书,没浪费时间。"

"可是,我,我……"我感激地点着头,却真的怕欠他太多。

"别说了,我愿意!"晓凡将一只手插进裤子口袋里,"谁让我住在你家楼上呢?送你回家也是顺路呀!"

"晓凡,你真好!"我朝他笑笑。

"不说这个了!你外公好点了吗?"晓凡走上两步,用脚放下车撑脚，绕过自行车上前牵住了我的手，“你的手怎么这么凉？”

我感觉到了他手上的温度，心里却因为他的问题而难过：“不知道，我不知道！晓凡，我怎么办？我好害怕。”

晓凡搓揉着我的手，脸上的表情沉重起来：“紫怡，你别急，我们一起想办法，一切都会好起来的！真的。”他迟疑了一下，又说，“要不，找你妈妈吧！”

“不，”我说得很快，似乎根本不用大脑思考，“你别提她。”

晓凡将我的手握得更紧了：“好，不说了。现在，把这些都忘掉，我们再飞一次如何？”

我朝周围看看，街道上没什么人。

“好，我真想飞！”我觉得自己需要放松一下。

“嗯，你等着。”他松开我的手，将自行车推过来，拍拍后坐说，“你上来吧，我们很快就会飞起来了。”

我两腿分开跨到了自行车的后坐上，我喜欢这个姿势，喜欢和晓凡分享一辆自行车飞起来的感觉。晓凡骑车的水平是一流的，坐在他后面，只要对他有足够的信任，就完全可以闭起眼睛享受飞翔的感觉。

“坐好了吗？给你，”晓凡将他左耳的耳麦拿下递给我，“你听！”

我接过耳麦挂在了自己的右耳上，马上，COCO李玟的声音在我的耳朵里快乐地唱了起来，而这个时候，晓凡的车也开足马力向前飞去。

好像小鸟翅膀一样

让它抵达要去的地方

好像玫瑰花蕊一样

用独特芳香传达情感

看看我的心

敏锐又多情

用着自己爱的言语

慢慢靠近你

渐渐了解你

一切都是由我决定

爱你是我的自由

来自我灵魂的声音

鸟为何飞翔

花为何芳香

同原因

爱你是我的自由

自然而然的

爱点点滴滴成形

鸟为谁飞翔

花为谁芳香

同原因

因为爱你是我的自由

这感觉真好，路上没有人，只有我们的车在马路中央飞驰。微风吹起了晓凡身后的衣服，正好拍打着我的脸，耳边的歌和着这温暖的风，我整个人好像随着风儿起舞，心也随之飘了起来。多好！真想让晓凡别停下来，就这么带我飞向远方，飞到快乐岛去。我的梦想还来不及展开，车猛地停了，睁开眼睛一看，已经到小区门口了。

“这么快？我不要，我还想飞！”我在车上对晓凡喊。

他的车在小区外面停顿了几秒钟。“好，再飞一次，你坐稳了！”

我在心里对晓凡说谢谢，我知道，他对我好。

自行车的龙头转了个向，朝着医院的方向飞驰而去，我重新闭上了眼睛。

我完全沉浸在自己的幻想中，耳麦里温柔的女声还在继续，微弱的路灯下，COCO李玟在唱“穿越所有的距离，一定回到彼此身旁，因为我们是对方的翅膀……”，是呀，我多想有一双翅膀啊，带我飞向没有烦恼、没有忧愁的快乐群岛去。

我将头枕在了晓凡飘起的衣服上，对晓凡从心里生出几丝依赖，车的速度加快了，我的双手不由得抱住了晓凡的腰，真想靠一靠他的背，让这个寂寞的夜，多一点温柔……

不知道过了多久，小车停在了小区门口。

“你先回家吧，我把车锁一下。明天早上见。”我很不情愿地下了车，把耳麦还给晓凡的时候，他就挥手和我说再见了。

我知道，他是怕被他妈妈撞见了！

我应声朝前走去，可没走几步，眼前猛然闪出一个身影。

“晓凡，你把妈妈急死了！”是晓凡妈妈焦急的声音，“你……”

“扑通！”没等她说完，我就知道完蛋了，因为她只顾着和我身后的晓凡说话，完全没注意到我的存在，整个人都撞到了我的身上，她的动作很快，一把扶住我，叫道：“哦，是紫怡啊！你们才从医院回来吧！”

见我们没吭声，她马上又拉住了我的手：“怎么弄到这么晚啊！累了吧！来，和晓凡一起上来吃点夜宵吧。啊？”

我想我一定很尴尬，我敏感的心里，完全能感觉出他妈妈心里的不满。

别说这么晚和一个女孩回家本身就说不过去，况且，还是在离高考只有不到两个月的关键时刻！

“不！谢谢阿姨！我很累，我要回家。”我说得很快，没等他们两个有任何反应，就几个跨步朝前奔去。

洗完澡，心绪稍稍有了些安宁。半躺在小床上，我顺手拿起了床边的复习书，眼睛还没在书上落下，一阵疲倦袭来，是的，疲倦！

我感觉得到自己好累。不单单是人累，心也好累好累；而且一旦空下来，看着空荡荡的屋子，还会生出一些担心和害怕。怕什么？我说不清楚，总之，已经有好多个夜晚了，我知道自己既看不进书，也睡不着。上网吧，至少会觉得自己不太孤独！

我翻身下床，打开了电脑。也许 QQ 上还可以找一个人说说话。可就在 QQ 被开启的那一刹那，我的心头却掠过一丝不安：这么晚了，神经正常的人谁会在QQ上呢？还不都是些和自己一样孤独寂寞的人儿。

没想到，QQ才连上，小喇叭就“咳嗽”起来了。

谁会加我？我立刻点了一下小喇叭，发现是一个叫“云中鹤”的人。

本来不想理睬他，可看了那人的资料，却有了几分好感。资料很短，却耐读：

把你的心思交给我，我为你交换快乐！

这么自信？

这让我在心里为接受他的通过找到了一个理由，我赶紧轻点鼠标，通过了验证，并且把他加为了好友。

马上，在我的好友栏里就闪出了一个戴博士帽的儒雅男孩的头像。

嗯，这个头像我蛮喜欢的。很奇怪，聊天的时候，虽然看不到对方，但我总喜欢看头像来挑选对方，如果换了个龇牙咧嘴的，我保证就先删了他！

果然，那头像开始闪动起来：

你好，忧郁的MM！

这么准确？我来了劲，就回答道：

你怎么知道我忧郁？

几乎就在同时，头像又闪了：

云中鹤：哪有快乐的MM这个时间上网的啊？告诉我，也许我能为你找回快乐。

我心里一惊，确实，这一个月来，我像是跌入了低谷，对生活和未来都没有信心。我索性切换到聊天模式，几乎没用想，就打了一行字：

紫怡：告诉我，如果一个人死了，他会去哪里？

云中鹤：善良的去了天堂，变成一颗闪亮的星星远望着你！

紫怡：那我该怎么办？我好怕啊。

云中鹤：怕什么？人总要去天堂的。他是谁？

紫怡：我最亲的人！他病得很重，让我害怕。

云中鹤：可怜的紫怡。别怕，有我呢，看，上帝不是派我来到了你的身边？

照平时，看到这话，我肯定会不客气地回敬一句，可今天看到这话，我的心头却涌起一阵涟漪。我忽然很想认识电脑对面那个在深夜为我敲字的男孩。

紫怡：我能认识你吗？你是谁？怎么会加我的？

云中鹤：你的问题好多！我来不及回答啊。

云中鹤：不过，有一点是肯定的，我也想见你。我有预感，我们在同一个天空下，缘分的天空……

见鬼，第一次就说要见面！

紫怡：我不轻易见网友的。

云中鹤：我知道，不过我想你会见我的！呵呵，下次约你，现在嘛，你该休息了。

看到这句话，我不由得打了个呵欠。发现他的头像又在闪了：

云中鹤：喜欢薰衣草吗？它可以伴人安眠，去闻闻它的幽香，忘记悲伤，快休息吧。

紫怡：你也喜欢薰衣草？

真像是上帝派来的！和我有一样的爱好。

云中鹤：嗯，资料上有我的个人主页，以后你自己去看吧。好了，乖，关了电脑睡吧，记着你不是孤独的就好！

紫怡：好！我真的很累了！88。

云中鹤：记住，天塌下来还有我这个高个为你顶着。

紫怡：你真好！

我的眼睛有点湿润，自从外公住院以后，很久没人这样和我说话了，晓凡虽好，却不会这样体贴人。我查了下他的资料栏，上面果然有一个个人主页的网址，我点击了一下，电脑上马上弹出了一片紫色的薰衣草，在薰衣草的上方，有个飘飘的名字：紫露香凝，他居然也喜欢薰衣草，这增加了我对他的好奇。哪天有空，一定好好研究一下这片“叶子”，我将这个网址收藏到了我的收藏夹中，才很不舍得地关了电脑。

已经是凌晨 2 点了，屋外万籁俱寂，我用鼻子深深吸一口桌前薰衣草香袋的幽香，乖乖地爬上了床，慢慢进入了梦想。

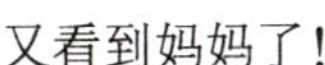

又看到妈妈了！

那年初一，妈妈和外公吵得非常厉害。

我就躲在隔壁，心中极度恐慌，我听到妈妈说：“我必须走，你不能再主宰我的生活了。”

外公用手指着屋外，指责妈妈不负责任，外公说：“你走了，就别再回来,我没有你这样的女儿,紫怡真苦啊!"

然后,妈妈什么都没拿就冲进了雨中!

能听到妈妈在雨中撕心裂肺地叫着我的名字,我以为妈妈会舍不得我而回来的。但妈妈没有回来。她这一走,就是好多年,杳无音信!

家里妈妈最喜欢的衣柜里,那些漂亮的白衣紫裙还都好好挂着,有时候,我想把那些裙子拿出来看看,外公就会唬起脸,弄得我不知所措。

外公说:"别学她样!"

外公说:"当她死了!她不配做你的妈妈!"

渐渐地,我知道,有外公的疼爱够了,妈妈对我们不闻不问的,妈妈确实不配做妈妈!

二

朦胧中传来幽雅的乐声：

亲亲的我的宝贝，我要飞过高山……

怎么搞的，难道已经是早上了？似乎自己才睡下呢！

音乐继续着，我闭着眼睛摸到床边的手机，摁掉了音乐声，人一下子清醒了，该起床了。

一个人的早上，永远是又紧张又慌乱！

赶紧打开衣柜，我的衣服呢？一排衣架全是空的，怎么一件也没了，我有多久没有洗衣服了？记不起来了。朝衣柜左边看去，妈妈那件带紫色碎花的长袖连衣裙吸引了我，这衣服我曾经拿出来在自己身上摆弄过很多次了。几乎没时间再考虑了，我捧着衣服，用最快的速度冲向了厕所。

就在我冲到盥洗镜前，拿起牙刷的时候，"丁冬，丁冬"催命的门铃响个不停。

我带着满嘴的牙膏跑去开门。

"才刷牙啊！要来不及了，快！这是早点！"晓凡准时出现在门口。

我朝他扮个鬼脸，又冲回了厕所。

我早就练出了以最快速度对付洗刷的本领,可以听到晓凡打开冰箱的声音,拿杯子的声音,和转动微波炉的声音,这些声音和着盥洗室里我忙碌的洗刷声,倒也和谐。

几分钟后,淡紫色碎花的连衣裙已经穿在我身上了,虽然还有点大,但在镜子前转身的时候,我还是很满意自己的灵机一动,哇!好看的身材都显示出来了。

我是迈着小碎步跑出来的。

"这套裙子没看你穿过吗?很漂亮啊。"看到晓凡的眼睛一亮,我笑了。

"快吃吧,你喜欢的蛋挞,牛奶转过了!我帮你理书包。"

我只好朝晓凡感激地笑笑,想不出这一个月里,如果不是晓凡天天过来的话,我的生活会乱成怎样!

"你决定好考哪个学校了吗?"晓凡问,"今天要交意向表。"

"S大医学院呀,不过,我也可能放弃……"

"别,紫怡!我们说好要一起上大学的。你天赋这么好!我妈妈说你的聪明像……"晓凡忽然就不说了。

"像什么?你们在家讲我坏话啊?"我把最后半个蛋挞塞进嘴里,忽然想起昨晚的事情。

"对了,昨天回家你没挨批吧?"

晓凡并不回答。却把整理好的书包递给我:"走吧,又要迟到了。"

我知道晓凡肯定又挨骂了,不过也真不能怪他妈妈,都什么时候了,我下过无数次决心不让晓凡跟着我耗费时间了,可又总是被晓凡的"爱心"感动。

换鞋、拿书包、锁门，所有的动作都像是机械的，我就这样和晓凡一起冲出了家门。

一个上午的课让我觉得好累，中午吃好饭，我刚想趴在课桌上休息一会儿，手机却响了起来，把我吓了一大跳。自从外公生病以来，我害怕听到所有的电话铃声，包括这手机的声音，似乎每一次电话都可能带来一个坏消息。可我又不敢把手机关了，还每天像个宝贝似的带着它。

我看了看，奇怪，是个完全陌生的手机号码。我按下了应答键，“喂！”电话里传来一个好听的女声。

“是你？你等一下。”我忽然睡意全无，坐了起来，还下意识回头朝晓凡看了一眼，然后从座位上站起来，走到了教室外面才继续说，“好！你说吧。”

“什么？哦，现在吗？这个……”我稍稍犹豫了一下，“好，我这就过来。”

我没有再回教室，就匆匆走出了校园，一路朝前走去。

学校不远处有家“上岛”咖啡馆，走到门口，我才停下来喘一口气。轻轻推开咖啡馆的玻璃门时，我忽然感到心里特别镇定，想到晓凡妈妈居然瞒着晓凡，“躲”到这里来和我去约会，我似乎能感觉出她的那一番苦心。

中午这个时候，咖啡馆的人很少。耳边有轻轻的音乐，窗帘都拉着，里面的灯光有点昏暗，我站了一会才适应了这幽幽的光线。

按着他妈妈电话里说的方位，我很快看到她正坐在靠窗的一排位子上，我走了过去。

“紫怡，真不好意思。你坐，你坐！”看到我，她站起来打招呼，脸上的表情有点尴尬。

“你的裙子很漂亮啊。”

“哦！”我知道她只是为自己解围，但说不出为什么，我的心加快了跳动。

“阿姨，你好！你找我来……”在她对面坐下后，我希望她能尽快进入主题。

“你喝点什么？自己看。”她一边问我，一边招呼着服务员。

她的面前放着杯喝了一半的卡布基诺，白色的泡沫还在散发出咖啡好闻的香味。

“给我一杯橙汁吧。”我对走过来的服务生说完，抬起头，又一次看着晓凡妈妈，像在询问什么。

她看着我，很踌躇的样子，然后说：“你这段时间一直一个人，很不习惯吧。”

我没有回答。

“你外公好点了吗？他……”没等她说完，我猛地打断了她的话：“阿姨，你想说什么，就直接说吧。是不是和晓凡有关？”

“这个……”像是下定了决心，她说，“好，那我就直说了。紫怡，你知道，离高考不到两个月了，我家晓凡，他，他最近老是躲过我来照顾你。”

“晓凡是我的命根子！他最近这样和我玩猫捉老鼠的游戏，我真担心他进不了F大。我知道你也不容易，所以，我想，我们是不是可以另外想个办法。”

她的语速很快，不等我有什么表示，又接着说：“你看，这样好不好，我帮你请个钟点工，照顾你的生活，我已经找好了人，下午就可以去你家……”

“阿姨，我不要！”我坚决地说，“你放心，我会自己照顾自己的，当然，我保证我不会再打扰晓凡了。”

服务员送上了饮料，用一根粉色的弯弯扭扭的吸管衬托着，我将嘴巴凑着吸管吸了一口，当冰凉的饮料注入身体的时候，我觉得一丝悲凉，有点想哭，但我拼命忍住了。

“紫怡，没关系的，你也真的需要有人照顾。我找的是个下岗女工，人不错的。”

“不，我不会要的。我会照顾自己的。反正我以后不麻烦晓凡就是了。”

“谢谢你，紫怡！阿姨没别的意思，阿姨其实一直很喜欢你的，只是……”

我又吸一口橙汁，定了定神，然后抬起头一板一眼地说：“不用再说了，阿姨，我懂。我外公也一直希望我别管他，高考重要。他说我能进大学，他死也瞑目了。”

“哎，你外公真是个好人。他怎么样了？”

我无言。“没什么事情，我先走了！”说完我站了起来，“阿姨再见！”

“紫怡，你等等，今天这事情能不告诉他吗？还有，如果我们家晓凡主动来找你，怎么办呢？”呵呵，终于说到关键了。

“我答应了你，我会有办法的。晓凡人好，我知道的！考大学重要！我也知道的。”

“紫怡，”晓凡妈妈欲言又止，“其实，你妈妈她是个好人，这么大的事情，她在，你可以轻松很多。她心里一定很苦。”

“阿姨，我……我走了。”我知道晓凡妈妈和我妈妈以前是同学，但这和我无关。我转身离开了那家咖啡馆。快到学校门口时，我停下来理了理思绪。晓凡妈妈是对的，不能让晓凡和我一起堕落深渊！我暗暗警告自己。

走进教室，完全是下意识地，我朝晓凡的位置看去，没想到晓凡也正用疑惑的眼睛望着我，这让我的心有点痛，连最关心我的晓凡也要离开了，今后的路，我又该如何一个人去对付呢？

“紫怡，到哪里去了，晓凡来问我，我说不知道。你自己和他说去吧。呀，你的眼圈好黑，好像有哭过哎。昨天熬夜了吧？”同桌的洲洲总是大惊小怪的。

“哪里啊！我回到家就快12点了，倒头就睡……”说到这里，我忽然想起昨天在QQ上遇到的那个博士。他会是我认识的一个人吗？也许，上帝知道晓凡将要离去，所以，才派他来的。他的那个版，有空一定要去转转。

不知道今天晚上还能遇到他吗？

“都这么说！”洲洲笑了，“其实谁不在暗中使劲？”

我不想再说什么了，我觉得自己和他们不一样。

或许我应该放弃高考，专心专意照顾好外公。忽然就冒出了这样一个念头来。

三

我很少这个时候去医院，因为怕外公骂我不专心复习，可回家会遭遇晓凡，刚才拒绝和他一起回家，他的眼神怪怪的。所以我决定去医院，这样总比一个人在街上闲逛好。

傍晚时分，医院里蛮热闹的。外公没像以往那样躺着，而是半坐着，似乎精神不错。

他的床头还坐着一个人。从背影看，像个医生，可医生这个时候应该下班了呀！

"鬼丫头，你怎么来了？来，我跟你介绍，这位是——"外公看到我有点意外，却没骂我，看来心情不错，"不好意思，我又忘了你的名字。"

那人这时候已经站了起来，转身朝我点点头，还很礼貌地伸出了右手："我叫若辰，很高兴认识你，紫怡。"

"你怎么知道我名字？"我很奇怪，抢白道，"我还不认识你呢。"

"紫怡，你的名字是我告诉他的。怎么这么没礼貌。"

"老伯，没关系的。老实说，你出现得太突然了，我还没准备好呢！"他好像一点没生气，手还停在半空中，"我是来这里的志愿者，叫沈若辰，是S医大的学生，很高兴认识你。"

"有趣，有趣！"我不由得笑了，"我是紫怡，握手就免了吧，我不习惯。”

“紫怡，你就会调皮。”外公显然对若辰印象不错，“怎么这个时候来了啊？”

“干什么啊，我来看看你有什么秘密呀。”我撒娇地看着外公，然后回头对怔在一边的若辰说，“你可以走了。”

“你别赶他走，你不在全是他照顾我的，你帮我好好谢谢人家。”外公指着窗台说，“他和你兴趣一致，你看他带来了什么？”

薰衣草？我朝窗台走去，有一刹那，我对眼前的男孩产生了好感。

如今这年代，愿意做志愿者的不多，愿意到医院来为病人服务的，就更是凤毛麟角了。看来这个叫若辰的男生蛮有个性的。心里这么一想，我就歪头看了一眼他。

这男孩有一头浓黑的头发，长长的像贴在头皮上，一米八的个子，看上去很像哪个明星，谁呢？一下子想不起来。他的眼睛不大，笑起来的时候，就眯成了一条缝。但因为那张向上翘的大嘴，所以，整个脸显得非常有亲和力。难怪外公这么好心情。

我低头闻一闻薰衣草的香味，忽然问：“这东西是女孩的专利，你怎么也会喜欢？”

“不可以吗？薰衣草有很大的药用价值，不仅可以安神，还可以疗伤……”这家伙居然侃侃而谈起来。

我回头看看外公，他坐在那里，正慈祥地看着我们。

“紫怡，你过来。”我坐回到了外公身边，“这衣服我很喜欢。还是我买给你妈妈的呢。”外公拉着裙子的一角说。

“外公，我，我不是存心的，最近一忙，衣服都没洗，所以，才……”我几乎忘了自己穿着妈妈的紫色连衣裙。

“我知道。苦了你了。紫怡，你妈妈她……”我真不知道如何阻止外公说下去。

“老伯，该吃饭了，说话费精神。”若辰看看我，岔开了话题，“来，紫怡，帮个忙，把书包挪个位置。今天我来喂老伯吃饭。”

我感激地看着若辰，忽然就明白了为什么外公会喜欢他。

“21床的家属到办公室来一下。”门外有护士叫呢，我朝外公摆摆手，对门外的医生说：“好，我这就来。”

“我先出去一下，顺便问一句，为什么我一次也没遇到过你？”我站了起来。

“这是秘密。”若辰笑得很灿烂，“以后我们会经常见面的。”

“是吗？难道今天是开始吗？”

“是呀，认识了，就容易遇到了。”若辰说这句话时，我已经走到了门口。

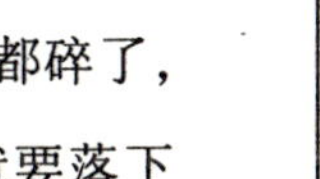

紫露香凝

我恍惚地站起来，顿时觉得天旋地转。记不得回病房的路是怎么走的。脑子里全是医生开出来的那张病危通知书，还有医生的嘱咐：“药物已经没有作用了，病人的意志力是关键。但时间也不会太长。”

若辰还在喂外公吃饭，看到外公询问的眼光，我的心都碎了，连编一句什么谎话也不会了。我怕不争气的眼泪马上就要落下来了。

“紫怡，你好像很累，我在，你先回家吧。”倒是若辰善解人意。

“嗯，功课很多，那我走了。”我甚至忘了和外公道一声再见，拿好书包，扭转头就离开了病房，还没走到楼梯口，泪水就止不住掉了下来。

上帝，救救我外公吧！

漫无目的地走到了大街上时，我才有了点清醒。

天灰蒙蒙的，一如我现在的心情。

我一直很喜欢春天。我喜欢雨中漫步的那种感觉。可今天，看着大街上熙熙攘攘的人流，看着灰蒙蒙的天空，我却有一种说不出来的惆怅。

如果有一个人，能和我一起度过这段艰难的日子该多好啊！

妈妈？不，妈妈早就不在我们的生活中出现了。我低头看看身上的衣服，擦一下眼泪。不管怎样，我都必须回家了。

走到小区门口的时候，我看到了一个熟悉的身影。

“晓凡，”看到他，好像忽然看到了救星，“我的惆怅是因为没有你的陪伴啊！”我心里忽然明白，是晓凡，一直悄悄给予我坚持下去的力量，只是在今天以前我没有这么清晰地感受到罢了。

晓凡一定是看到了我，他一路小跑过来：“紫怡，你今天怎么了？我去医院门口等你也没等到。你到底去了哪里？”

“晓凡，我……”我的泪水模糊了双眼，我一把握住晓凡伸过来的手，却在一瞬间猛然想起了晓凡妈妈那双忧郁的眼睛。

握着他的手就那么僵在那里，我调整了一下自己的心情，平静地对他说：“晓凡，你怎么还在为我浪费时间？你回家吧，我没事的。”然后放了他的手，继续往前走。

“紫怡，紫怡，你怎么了？你好像哭过哎！”晓凡跟在后面。

“晓凡，我是认真的。我已经够麻烦你了！这最后两个月，就别管我了！”看晓凡跟到了房门口，我一边开门，一边回头说。

然后，我将门开得小小的，一下钻进去，“砰”的一声把门锁上了。

笃！笃！笃！

“紫怡，你别这样！发生了什么事情？你告诉我呀，我做错什么了吗？”

“我有人照顾了，你别再烦我！”

我无力地靠在门后，人慢慢向下滑。敲门声持续了一段时间，终于停止了。

“紫怡，我吃了饭再来，你别一个人憋着。”

我觉得有点伤心，这么好的晓凡，这么照顾我，我却还要伤他的心。

晓凡，对不起，我是为你好。等你考上大学了，我会补偿的。我发誓！

忽然就想到了云中鹤，很想找他聊聊，我打开了电脑，上了QQ，他却不在。我想起了他的那片“叶子”，就随手打开了那个叫“紫露香凝”的主页。

他的版里，一片绚烂的紫色扑面而来，我低头看看身上的连衣裙，好相似啊！那是属于北海道富良野的薰衣草，山坡与平原化为紫色花海，麦浪般弥漫着，耳边响起幽雅的音乐。我原本对薰衣草的喜欢，只是缘于女孩的一种感觉，而他居然把薰衣草变成了一个象征。我的心情渐渐沉浸到了这片花海中。

“我想把这超脱俗世的色彩和幽香凝固在我的版里，愿她带给你一段好心情。”

卷首的这句话意味深长，下面是几大板块，什么“拯救坏心情”、“薰衣草香”、“独自呢喃”、“给自己一片天”等等，我先点了“拯救坏心情”，想看看他有什么特别的办法，马上页面转换成一片淡淡的绿色，简单的卡通画旁边有几行文字：

一本书，一杯茶，一个月光朦胧的夜晚
一个知己，一篇日记，一次放松自我的叙说
一只背包，一张车票，一次远走天涯的流浪
一点音乐，一包零食，一趟彻彻底底的放松
……

我笑了，这个夜晚，我忽然觉得自己不是孤单的，至少有云中鹤“紫露香凝”的陪伴。我一个板块一个板块地点进去，一篇篇文章读下来，我走进了云中鹤的心灵深处，我知道为什么他能使我安静下来。

5 年前的一次车祸夺走了他的妈妈，给了他致命的一击。

5 年来，是他的继母慢慢帮助他和父亲从阴霾中走了出来，继母无私的爱，还有薰衣草悠然的香味让他感动，在他最寂寞无助的时候，是继母喃喃的絮语和薰衣草的幽香伴他安眠，为他疗伤。所以，在他重新找回生活意义的今天，他建立了这样一个版，愿意为和他一样曾经悲伤过的人寻找一个心灵的港湾。

不知道有多少人曾经从他的“叶子”上获得安慰，但这一刻，我坐在电脑面前，我在感受一种获得，我想，我一定要认识他，他能为大家做这样一个版面，说明他一定是个好人。

紫露香凝

四

“丁冬”一个小时后，门外又响起了门铃声。

“你怎么又来了？我不想见到你！我的生活我自己会管。”我对着门口大叫。

笃！笃！笃！

丁冬声又变成了敲门声。这个晓凡，怎么不依不饶的。

“算我求你了，别再为我浪费时间了。我不会开门的，你走吧！”

敲门声果然停止了，我刚想舒一口气，忽然听到一阵音乐声，等我醒悟过来是我的手机在响时，我迫不及待地从书包里翻出了手机，又是一个陌生的号码。

我的心里充满了不耐烦。

今天是个什么鬼日子。

“喂。”

“紫怡吗？我是若辰。”

若辰？我想起下午看到的那张笑脸。

“你怎么会知道我手机的号码？”

“这个不重要，重要的是，在门外按电铃和敲门的人是我。现在，你可以开门了吗？”

“你?”我拿着手机的手不由得抖动了一下,怎么会是他?

“你怎么知道我家的地址?”

“可以开了门再说吗?”

我刚准备拧开门把,忽然觉得眼前这个家根本无法接待客人,乱糟糟不说,而且透着一点颓废,就像这会儿我的心情一样,简直乱得如一团麻!

“喂,你稍微等一会啊。”我对着门外吼了一声,然后开始手忙脚乱地在房间里跑上跑下,想把个家理得干净一点。

可家里实在太乱了,到处是书啊、衣服啊、杂物啊,没一样东西在它该在的地方,根本不知道从哪里开始入手。算了,管他呢,开门吧。我在门口立定,做了个深呼吸,然后打开了门。

门外的若辰,脱掉了白大褂,穿着件血红的体恤朝我微笑着,他的脸上洋溢着一份自信。

“我做志愿者到今天,这可是第一次吃闭门羹啊。”他笑盈盈地说。

我把沙发上乱七八糟的衣服挪开点,示意他坐。可还未等他坐定,我就问道:“现在你可以告诉我了,你怎么会来我这里的?”

“我是志愿者呀。”若辰还是笑嘻嘻地,“你也太不会演戏了,从医生办公室出来,就那副德行。你外公不放心你的状况,一定要我来看看你呀。”

“是吗? 我,我…… 你这个志愿者倒很周到,管到我家里来了!”话虽这么说,其实,我的心里流淌着的是一点温暖和感激。

“不欢迎吗?”他的脸上仍充满了自信,“那我放下这个就走。”

他把一包葡式蛋挞放在餐桌上:“别以为我要拍你马屁,这信息也是你外公提供的。怕你一伤心,又不好好吃饭了。”

“哦,那你还知道多少我的事?”一看到蛋挞,我的心更软了。我知道若辰没有骗我,想想外公自己都那样了,却还在关心着我的生活。我的眼泪不由得落了下来。

“别,别哭!我最怕女孩子掉眼泪了。要不,我还是走吧。”

“不!你别走,能不能陪我一会儿?”我终于说出了心里的话,此时此刻,我是多么无助,多么需要有人相伴啊,“我是想到外公的病才哭的。还有,刚才不开门,是因为家里太乱了。”

“这个在我的料想之中。”若辰说,“不过,我刚才被你当成哪个倒霉的男孩了?”

“晓凡。楼上的,同班同学。”

“一定有点喜欢你。呵呵,男生真倒霉,想做好事,还要听你乱发脾气。”

“谁乱发脾气了?我是为他好。”

“好了,吃点东西吧。”他站了起来,“如果你不介意的话,我可以把这个屋子收拾得稍微干净点。还有,等你吃好了,我有好东西给你。”

我听话地坐到了餐桌前,一边吃着喷香的蛋挞,一边看着若辰将垃圾放进一个塑料袋里,然后又去对付桌上厚厚一层的灰尘……我心中很柔软的那部分像是忽然被什么触动了一下,我感觉到自己的情绪在慢慢朝好的方面变化。

“其实,晓凡是个不错的男孩子。这段时间,一直是他在照顾着我的生活。可问题是，马上就要高考了，我不想再浪费他的时间，否则，他妈妈那眼神我可吃不消。”

“哦？你还知道那个晓凡要高考。那你自己呢？”若辰只花了一点时间，就将原本很乱的屋子理得有点秩序了。

“我准备放弃。我要专心照顾外公。他的时间可能不多了。”

“你连自己的生活也照顾不好，还说要照顾你外公？”若辰放下手上的抹布，在我对面坐下，“你外公说过，你的理想是考进S医大，对吗？”

我点点头：“我要做医生，是想照顾外公一生一世。”

“就为这个？”若辰把眼睛睁得大大的，“那你有把握吗？”

“本来应该没问题的。但现在进不进S医大已经不重要了。因为，”我停了停，“也许亲情比大学更重要。今年放弃了，我明年还可以再考。”

“这个我懂。但以我的感觉，你外公并不希望你放弃。”

“我知道，他总是为我着想。”

“我觉得他不完全是为你着想。”若辰说，“如果，我是说如果我帮你，你会选择不放弃吗？”

“为什么？”紫怡问。

“非要理由吗？有一天我会解释的。现在，你需要放松一下自己。”他说着从口袋里掏出一个很小的褐色瓶子，“你的熏香炉在哪里？我带来了薰衣草的精油，我帮你点上。”

我诧异极了：“你怎么知道我有熏香炉？”这个熏香炉还是外公送给我的生日礼物呢！不过我只用过一次，后来怕麻烦，就被我收

在了抽屉里。

“你外公的话里全是你，不过我没想到你这么漂亮。否则我就早点来认识你了。”若辰按我指的方向从抽屉里拿出了熏香炉，一边摆弄，一边朝我扮鬼脸。

不一会儿，薰衣草淡淡的幽香弥漫开来了。

我想把这超脱俗世的色彩和幽香凝固在我的版里，愿她带给你一段好心情。

恍惚中，我以为自己还沉浸在刚才的网络里没走出来呢，我究竟是在梦中，还是回到了现实中？没等我弄个明白，就听到一个声音说：

“嗯，你吃饱了，我的事情做完了。看得出，你的情绪比我来的时候好多了。那，我可以安心走了。”若辰说完，毫不迟疑地拉开了房门。

“我们还会见面的，开心一点哦！”我连一个谢字也来不及说，若辰已经在我眼前消失了。

从若辰走进房间到他离开，仅仅只有二十分钟的时间吧。我甚至有点不相信这一切是真的。但淡淡的香味还在，房间的整洁也是看得到的。

这个叫若辰的男孩竟然在一天中和自己遭遇了两次，这，是不是一种缘分呢？我问自己，说不清楚，但很奇怪，这个男孩子确实有一种定力，一种能让我安静下来的定力。从“紫露香凝”到若辰，我感觉得到自己的情绪在逐渐平静！

房间里安静极了，一天里发生的事情，像过电影一样在我脑海里闪回，外公，晓凡，晓凡妈妈，还有若辰，这个世界真是太奇怪了，刚离开晓凡，却遇到了若辰；刚想放弃高考，却有个声音说别放弃；究竟该如何走下去呢？真想找个人说说话！

不敢再去打扰晓凡，我盯着电脑，才知道心里想到的是那个戴博士帽的云中鹤。可他的博士头像还是黑色的！

我终于忍不住点了他的头像，给他发了一条离线消息：

紫怡：你在吗？我有好多话想和你说呢！来了告诉我啊！

我等了有几分钟，没有回音，却听到门外有依稀的脚步声。

我蹑手蹑脚走到门口，将耳朵贴在门上仔细听，好像有一个声音，很轻，却还是那么顽固地钻进了我的耳朵。我知道门外的人一定是晓凡，却不敢开门。不一会儿，我看到从门缝里慢慢塞进来一片纸条，一直等到脚步声朝上面走去了，我才弯腰拾起了纸条。

紫怡：我知道，不是有什么人在照顾你。而是你担心浪费我的时间。可是，你应该知道，我的心还在牵挂着你，叫我如何好好复习？我想知道，我们的翅膀为什么而折，请你告诉我！我会期待，期待我们下一次的自由飞翔。

明天早上，如果你坚持不开门，我还会把点心放在门口，记得吃啊！

晓凡，写于彷徨中

我把纸条看了一遍又一遍，不知道该如何回答他。忽然，寂静中传来了一阵敲门声。等我反应过来那是电脑发出的声音时，我本能地冲回到电脑前，动了下鼠标，几乎是一种期待，我看到云中鹤的头像一闪一闪地变成了彩色的。

几秒钟后，嘀嘀嘀声也响了起来。

这声音让我兴奋起来。

云中鹤：今天好吗？忧郁的 MM。

紫怡：不好！我有很多难题想请教你。

云中鹤：是吗？愿闻其详！

接着，我把想放弃高考和晓凡的事情都告诉了他，似乎是期待一个为我拿定主意的人，说完了，我问：

紫怡：告诉我，我该怎么做？

云中鹤：鱼和熊掌不可兼得。我很理解你现在的心情。

没等我回应，又一条信息发了过来：

云中鹤：我懂得你对外公的爱，因为我曾经经历过这样的苦痛。

紫怡：我知道，我看了你的“紫露香凝”。

云中鹤：嗯，那种痛很难忘怀。

紫怡：对不起，又让你伤心了。

云中鹤：已经过去了。想告诉你，如果我是你，我不会放弃高考。

紫怡：为什么？

云中鹤：这是我的感觉。于事无补，而且未必是你外公希望的。

紫怡：你好深刻……

打到这里，我怔了一下，忽然很想认识电脑对面的那个男孩。

紫怡：我想见见你，发个照片过来吧。我喜欢你的“叶子”，可里面的照片却点不开。

云中鹤：呵呵，我还没放上呢。以后吧，最近比较忙。

紫怡：你上次不是说要见我吗？

看他搪塞，我有点失望。

云中鹤：是呀，会见到的。来日方长！好了，早点休息吧。

紫怡：嗯，谢谢你！88

云中鹤：好梦！

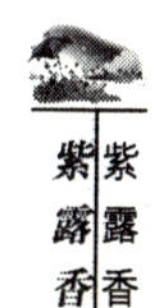

五

一连几天，早上一打开门，总能看到晓凡搁着的点心，我捧在手里，就会想到过去的岁月，还有我们一起飞翔的那些个夜晚，晓凡现在的眼神怪怪的，似乎一直想问我为什么疏远他？

我心里明白，我也许飞不起来了，可我不能让晓凡也折了翅膀坠落呀。

想什么办法来告诉晓凡真的有人在照顾我了呢？找谁来做这样的角色呢？

找若辰！

这念头简直可以说是灵光一现，后来又在医院遇到过他一次，两个人说说笑笑的，好像已经很熟了，而且更主要的是，外公对他这么放心。

找他，还是不找他？灵光一现之后，是我的犹豫。

星期三下课后，我没有去医院，而是直接回了家。

我没心思看功课，却始终在房间里晃悠，沙发上的脏衣服被清理了，洗衣机在转动着，地板扫干净了，桌子上杂乱无章的东西全被清理掉了。

可是，做这些事情的整个过程中，我一直在想着一件事情。

要不要给若辰打这个电话，要不要找他？

房间已经变得很干净了。我才坐了下来。

不管了，给若辰打电话吧。我在手机里搜寻若辰的号码。那天晚上，他就是用手机给我电话的，那号码应该还保留着。

终于找到了，然后，我按动了拨号键，没有激动，也不觉得奇怪，似乎一切都是顺理成章的。

铃声响了，我清了清喉咙。

“嘿，我是紫怡。你在哪里？”

“哦，你好呀！我正在从医院回家的路上。”若辰说，“你外公对你太好了，让我感动。”

“是吗？他怎么了？”

“这个以后告诉你，你找我有事情吧。”

“嗯，如果我有个无理的要求，你会答应吗？”

“说说看。”

“我想，我想要你做我一天的男朋友。当然，只是装装样子的。”

“是吗？听上去像是一个鼓舞人心的要求。如果我答应了，是不是也可以向你提个要求呢？”

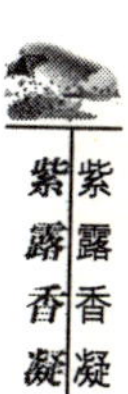

“原则上是可以的，你想干什么？”我开始有点懊悔。

“你放心，我的要求不会过分的。不过，我要充分利用这次权利，让我想一想。”

“好啊，那明天放学的时候，你到我学校来接我好吗？”

“哦，懂了！看来还是为了你楼上的那个男孩吧？好，我同意，我们一言为定！明天我会把我的要求告诉你。”

放下电话，我长长地舒了口气！

明天会怎么样，我真的有点期待！

整个一天，我一直有点心神不定，有意无意间，就会想到若辰。想到下午的那一幕，若辰出现在教室门口，以后呢？我不敢细想，不过，心里却有一种说不出来的兴奋和紧张。总觉得认识若辰并不是这几天的事情，似乎已经很久很久了。所以，给他打电话的时候才没觉得一点的唐突，也许，这就是一种缘分！若辰能让我安静，若辰真像外公说，很像我的哥哥。

人和人之间，确实是讲缘分的。

其实，以前和晓凡在一起也很快乐，是那种心无杂念的快乐。

一想到晓凡，我的心就有点疼，为了不让晓凡受的打击太大，我早上还特意在他家的信箱里为他留了张卡片。

那是张淡淡的紫色小卡，我不敢多写，只留下了一行字：

晓凡，等你考进F大学，带着录取通知书来找我！

但愿他能懂我的苦心。

下课铃准时响了，这铃声今天听起来特别刺耳。大家都在整理书包，我看到了晓凡期待的目光。但我却固执地将头转向教室门口，脸上还带着一个充满期待的微笑。

“请问裴紫怡同学在吗？”一个好听的男中音引来了同学们齐刷刷的目光。

“紫怡,找你的,你男朋友吗?”洲洲用胳膊碰了我一下,“哇,如果眼睛大点,整个一个花泽类啊!”

洲洲就会大惊小怪,她是 F4 的铁杆 FANS,不过经她这么一说,我倒觉得若辰真有点类的味道。

像类一样,话不多,却很经典。

我朝他招手,看到他正眯着眼睛朝我笑呢。

他的手上还很夸张地握着支百合,眼睛却在教室里搜寻。我知道他一定想知道那个倒霉的晓凡长什么样。我赶紧背好双肩包,脚步故做轻盈地朝教室门口走去,眼睛看着若辰,心里却在暗暗好笑。

呵呵,真像小说中的情景。一个白马王子带着花找来,要带走他心爱的公主,公主呢,于是抬着骄傲的头,慢慢迎上去。

可惜了,一切只是做给晓凡看的。

当然,要做得像才好!

“若辰,我们走吧!”走到他跟前时,我拉了下他的衣角。眼睛却不由自主地看了眼晓凡,心里生疼生疼的,但愿高考过后,能说个清楚。

若辰低下头悄悄问我:“快指给我看看,是哪一位啊。我不能做了冤大头,还不知道是为谁做的。”

我不理他,又扯一下他的衣角:“你不走?我可先走了!”

“哎,你别生气啊。走,走!”若辰这才笑着跟上,“这是送给你的百合花。我妈妈说,女孩都喜欢纯洁的白色。”

“你妈妈?”我停下脚步。

“是呀！你以为就你有妈妈？”若辰说得很快，然后就上前帮我拿下书包，用左手拎着书包，右手像是不经意地搭在了我的肩膀上，“这个星期天就是母亲节了，我是不是可以提出我的要求了。”

“母亲节？想为你妈妈买礼物，你不会这么孝顺吧。”

若辰忽然就站住了。他看着我：“猜对了。我想，这个女孩子肯定在行。”

我点点头，算是答应了他的要求。看到他搭在我肩膀上的手，我本能地有点退缩，但若辰一脸地坏笑，我只好耸耸肩，无言地向学校大门走去。

一出校门，我就抖抖肩膀甩开了他的手。

“你很可爱。”若辰还在笑，“想出这样的办法，真够聪明的！”

“那是因为怕他考不好大学他妈妈来找我麻烦，而我外公说你像我哥哥，我才找你的，你可别乱想啊！”

若辰用手指点到了我的鼻子上：“我乱想什么？我也是受你外公的嘱托，才帮你这个忙的。”

“是吗？好，你说，什么时候去买礼物？我听你的。”我快乐地笑了。

“明天吧！你帮我挑我就放心了，你喜欢的，我妈妈一定也喜欢。”若辰说得很认真。

“好，一言为定！”

六

晚上，我又上 QQ 找云中鹤聊天，我告诉了他找若辰当男朋友的故事，他发来一个调皮的笑脸，却没有一丁点评论，问他怎么忽然老实了，不再提见面的事情了，他说，一切要等我高考以后。这话提醒了我，我知道他是对的，虽然对外公说我要放弃高考，可看到外公皱着眉头，我知道即便是为了外公，我也没勇气放弃高考。

星期四早上，我还是在门口看到了晓凡放着的点心。上面还压着一张纸条：

紫怡，不用做戏，我不相信的。

我一愣，后来一想，这样也好。反正现在不是解释的时候。我知道，他一定在心里怪我。好在下午发下来的模拟考，他拿了班级第一，这让我稍稍有点宽心。

没想到的是，放学的时候，若辰又出现在教室门口。

他穿着一套藏青色的运动服，脚上是一双滑轮运动鞋，他从教室门口一下就滑到了我的课桌前，好像存心在晓凡面前扮酷。

我很尴尬，因为一点思想准备也没有。而且我想晓凡一定以为我收了纸条后又叫若辰出现的，我朝他瞪了一眼，想和他理论。他却用食指压住了我的嘴唇，悄声说："先别说话，我回家后才想起来居然没和你约时间。我真的很笨，就来这里找你了！谁让我有

求于你呢?”

我的气一下没了,他说的是事实。我答应今天陪他去买礼物的。

我什么也没说,提着书包跟在他后面走。

“去东方商厦吧。我同学说,那里在举行饰品展销,东西很多的!”走出校门后,我提议。我一直很喜欢东方商厦的格调,我想若辰的妈妈一定也会喜欢的。

“好,听你的。”

很快,我就和若辰打的来到了东方商厦。

一走进富丽堂皇的店门,我的心马上快乐起来。是谁说的,女生天生爱做逛街的游戏。这话对极了!这地方的礼品很有品位,虽然价格也是一流的,但看看也让人舒服,爽心悦目。今天不是双休日,所以店堂里的人很少,我眼尖,马上看到了底楼转弯处的饰品展销。标牌上写着,全部是进口商品,从头上的发卡,到脖子上的围巾;从佩戴在颈上的项链,到各类胸花,真是应有尽有。我拿起这个,又放下那个,一个个都爱不释手。

有一段时间,我忘了自己来这里的目的。我看到一个别致的淡紫色发卡,当中镶嵌着白色的花瓣,我拿起来在头上试着,心里说不出的喜欢,若辰在一边提醒我:“我妈妈的头发可不长,用不了这个。”

“对不起,我差点忘了。”我伸一下舌头,才记起自己的任务。

我开始想象若辰的妈妈该有多少年纪,适合什么饰品。

“你妈妈有什么爱好?”我问。

“你喜欢的，估计她也会喜欢。我告诉过你，她最喜欢紫色。”

紫色，我的心里一个咯噔，眼睛不由得注意到了一排花花绿绿的围巾。

“买条围巾如何?”我马上看到了围在女模特脖子上的那条粉紫色的围巾。那围巾有好看的须，长长的似乎可以飘起来，那颜色呢，淡雅又不太严谨，神秘中带着几丝飘逸，配什么衣服都应该没问题。最让人欢喜的是它的材质：100%的蚕丝。

营业员看我指着那围巾，马上善解人意地拿了出来。

“小姐的眼光真好，这围巾总共才进了 5 条，最配你的皮肤了。”她说着就把围巾搭在了我的头颈上。

我看着若辰，征询他的意见。

若辰马上点头：“好，我买下了！你帮我装个盒子，包一下。”

男孩子就是爽快！那营业员小姐很兴奋，一直在恭维我们，一会说我福气好，一会说若辰够体贴，我们都笑着不作答。

走出东方商厦后，若辰拦了辆出租车，才对我说：“去医院吧。”

路上，我很奇怪地问他：“怎么想到给你妈妈过母亲节呢?”

“笨死了，这个也不懂啊！报答她的抚育之恩呀。”

这让我又一次想到了我的妈妈。

看我沉默，他像是要调节气氛，问我：“对了，你的晓凡怎么样了？还有，你同学对我有评价吗?”

“他不相信。我同桌说你像花泽类。”我回过神来，吃吃地笑着说。

“你同桌的眼光不错嘛！我和花泽类有很多地方很像的呀。”

紫露香凝

“臭美!”

外公的情况很糟糕,我们赶到医院时,他正闭着眼睛。

我拿出书包,给若辰看今天发下的模拟考卷,数学做得特别糟糕。若辰开始耐心地给我讲解。

这成了我和若辰的一种默契。我知道虽然外公闭着眼睛,但他希望看到我这样。我不时回头望一眼外公,看他高兴,心里就快乐!

一道题目弄懂了,若辰提议休息一会。

“好了,陪你外公说说话吧。”若辰小声提醒我。

“紫怡,过来!”外公好像一直关注着我和若辰的举动。我赶紧坐到了他旁边。

“我想请你帮我办一件事情。”他说话的声音很轻,有气无力地。

“老伯,你们慢慢说,我出去一会。”若辰好像知道外公要说什么似的,躲开了。

我把耳朵凑到他嘴边,好让他说得再轻一点。

“我还有愿望未了,我想请你代我走一趟普陀山。”我想起每年这个时候,他都要一个人去一次普陀山的,看来他已经想了很久了,就赶紧回答说:“好啊,前几年我就想去,你总是不同意。”

“可能要浪费你两天时间。你明天晚上走,要快啊!”外公的嘴角露出了笑容。

“我,一个人吗?”

"不,我和若辰说好了,他愿意陪你去。"

"若辰？外公！可我们都走了,你怎么办?"我想我的老外公一定是糊涂了,他以前可是一直叮嘱我不许和男孩子出去的啊。

"紫怡,这是我要托你办的事情,记住,我在每个信封上都写好日子了。"外公从枕头底下拿出一叠信封来,"你要保证按上面写的日子拆开信封,事情都交代在里面了。"

我用双手接过信封,哇,好多,沉甸甸的。

"外公,你还没回答我,那你怎么办?"我又问了一遍。

外公摇摇手:"有你妈妈呢,我累了,若辰已经答应了。后面的事情,你可以问他。"像是完成件大事情,他心满意足地闭上眼睛,睡去了。

妈妈？我不敢再问,我帮外公掖了一下被子,走出了病房。

若辰就站在走廊尽头的玻璃窗底下,似乎在等我,看我走出来,他冲我友好地点点头。

"你早知道我外公的计划了?"我问,心里有点不服气。

"我那天在电话里不是说了吗？你外公很有意思,他对你真的太好了。"

"对我太好？你为什么答应他?"

"你不想要我陪吗?"

"是呀,我差点忘了,你是我男朋友。"我狡黠地笑了,"那么,这样说来,我那天不打电话给你,我们也是有缘的喽。"

"是呀,是呀！谁让你那么急的？看来我们真的是天设地造的一对呢。"

“又臭美了！别忘了，我是因为喜欢晓凡才躲开他的。”我反击道。

“你真好斗，进去吧，你外公该吃饭了。”

那天，吃完饭外公还不肯休息，一定要我将他扶着坐起来，他的话特别多，给若辰讲了许多我小时候的事情，讲到了我妈妈，甚至还讲到了已经死去很多年的外婆。我好几次要打断他，让他早点休息，都被若辰阻止了。

外公一直拉着我的手，这感觉让我心生疑窦。后来外公渐渐没了声音，他显得特别疲惫，但脸上挂着满足的微笑。

离开病房的时候，快 10 点了。若辰坚持要送我回家。

一走到这条路上，我就开始走神想到晓凡，这条路，晓凡陪我走过多少次啊，可如今，自己却要扮演这么让他难堪的角色！

我不时在心里安慰自己，会有那么一天，晓凡，我会把一切都告诉你，我们还会有很长远的未来。

“在想什么呢？”若辰看我慢下了脚步，问道。

“想那个可爱的男孩呀，你不知道，以前，都是他送我回家的。”我索性实话实说。

“以后还可以呀。现在不过是关键时刻，对吗？”若辰停下了脚步，“紫怡，你要坚强一点！而且，我已经答应你外公，要好好帮你度过眼前的难关。所以，你一定要配合我呀！”

“你好像把主角配角弄混了。”我笑了，“听上去好像是你要考大学，而我在配合你。”

若辰摸摸头：“呵呵，我是着急。”

走到21号门洞的时候,若辰刮了下我的鼻子:“好,早点休息。别再在电脑上折腾了。明天我拿了船票在码头等你。你不用操心了。”

“你怎么什么都知道? 偏不听你的。”我一边跑上楼去,一边留下这一串话语。

七

吃好晚饭匆匆赶到十六铺码头的时候，雨正下得欢。我双肩背着行李，前面还挎着个小包，走在湿漉漉的街上，我的心情说不出是好是坏，不知道这次远行，对我来说，会快乐还是悲哀。

白色的花伞遮挡着我的脸庞，但我还是马上在人群中看到了若辰，远远看去，他穿着一套白色的耐克运动服，戴了顶运动帽，背着个黑色的旅行包，一黑一白，显得特别帅。他看见了我，朝我一路小跑过来。

“嘿，今天有大风，船停开了。”

“怎么会这样？那我们怎么办？”我将雨伞撑到他头顶上，然后问。

“有两个选择，要么回家，明天再来，要么从陆路转道去。”

“我想我们……”没等我把话讲完，就听到我背后传来一个声嘶力竭的声音。

“紫怡，紫怡！你过来……”

“是晓凡？”完全是下意识，我说。

若辰朝我点点头，用手指指马路对面，我循着他指的方向看去，果然看到晓凡满头满脸的雨，正站在马路对面看着我们。

他跟踪了我？为了我给他的伤害？

“等我一下，”我匆匆和若辰打个招呼，跑到了对面。

看到晓凡眼眸里的伤心，我很难过。我拿出餐巾纸递给他，他没接，却一把拉住我的手问道：“紫怡，他是谁？你们这是要去哪里？”

“你跟踪我？为什么你还要为我浪费时间！”我对着他大叫。

“我，我不相信你会……”晓凡的声音忽然就停了，“我不相信！”

我挣开他紧握住我的手，轻轻帮他擦去脸上的雨水，说心理话，我觉得用这样的办法对待晓凡并不公平，我好想把他妈妈找我的事情告诉他了，但我还是忍住了，我看着他，尽量用缓和的语气说：“晓凡，你看到我留的纸条了吧。给我一个月的时间，到时候我再解释。”

“为什么？你为什么要这样？我们曾经那么好，难道你都忘了？”

“不，我没有忘。但我们也说过，一切要到进了大学再可以开始，而不是现在！”

“好，我一定拿了F大学的录取通知书来找你，你要等我。”

我点点头：“那就约定了，发榜那天，我们再见！记住，人家可是S医大的，你要加油啊！”

“S医大？他叫什么？为什么靠你这么近，我一定要打听清楚的。”晓凡朝对面马路望了眼，“我不会输给他。”他说话的样子让我觉得有点好笑。

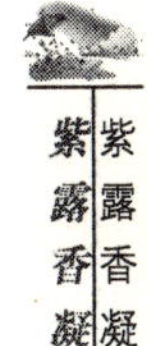

“干吗那么凶？你快回家吧！我得走了！”不等他有什么反应，我就朝他摆摆手说，“我说话算数，你也要算数，拜拜！”

我回到了若辰身边。

“没问题吧！我在等你的答案，走，还是回家？”若辰好脾气地问。

“走吧！从陆路转道去。外公的心愿，我想帮他了了。”

“好！我也这么想，出都出来了，再回去也麻烦。那我们这就坐车去火车站。”

若辰的地理知识够丰富的，一路上，他都在对我上课，告诉我上海到宁波的铁路距离，说什么港口啊、渡船啊，如何如何就能到达普陀山了，可我的心思常常莫名就转到了晓凡那里，我机械地跟在他后面，听任他指挥，他一会儿叫我看着行李，一会儿叫我原地等他，我都答应着，像木偶般，而脑子里挥之不去的全是晓凡，他脸上混杂着雨水的泪水，他的愤怒和困惑，全都定格在我的脑海里，我呆呆地，不知道谁对谁错。

若辰终于从售票大厅出来了，拿着票对我炫耀：“比轮船便宜多了，不过是夜车，10 点开车，你吃得消吗？”

“应该没问题。可我们现在去哪里？”

“先把包寄了，再去吃点夜宵，休息一会吧。”若辰拿过自己的运动包，斜背在肩上，又拿过我的双肩包，“我去寄包，你别走开。”

我顺从地点点头，从离开船码头的那一刻开始，我已经六神无主了，我知道外公是对的，如果没有若辰，我根本没办法一个人离开上海去完成这一趟旅行。若辰融入了这个社会，而我简直就是个傻瓜。

几分钟后，若辰空着手出现了。

“喜欢吃冰淇淋吗？我带你去一个好地方消磨余下来的时光。”

他拉着我，不由分说地坐上了一辆漂亮的红色出租车，离开了人声嘈杂的火车站。

“别想了，你是为他好。而且，你们的未来还很长。”他安慰我说。

“你怎么知道我在想这个？”我回敬他，“我在想你会把我带到哪里去。”

“还担心我拐了你？马上就到，我相信你会喜欢的。”

车子停在了淮海路上，若辰从前车门出来，很及时地拉开了后车门，很有绅士派头地把我请了出来，我一下车就听到了对面太平洋百货里传出来的摇滚乐。

若辰带我慢慢走进了太平洋百货对面一家店门不大的冰淇淋店，我抬头看时，看到门面上写着一行英文：Hangons。

哈根达斯？曾经和洲洲他们说起过这个品牌的冰淇淋，有句广告说，爱你的女朋友，就请她吃哈根达斯！

看若辰神情自若地走进去，有一刻，我不知道自己身在何处，我觉得自己的眼前一亮，店堂里那种金色和红色的组合，特别和谐，让空间显得高贵而又富人情味。

我不得不昂起了头，希望自己看起来也能高贵一点，店堂里人

不多，靠窗的地方正好还有个座位，带位小姐把我们带到了那里，若辰拉开一张乳白色的餐椅请我坐，我朝他看看，笑着坐了下来，一侧身，就能看到对面太平洋百货富丽的门柱和马路上川流不息的车辆，这位置很不错。坐下后，我静静地欣赏着这个若辰说我会喜欢的环境，真的很迷人，耳边响着很轻的英文歌曲，若辰坐在了我的对面，看上去我们真像是一对情人。

不久，小姐送来了两杯漂着几片黄色柠檬的矿泉水，若辰似乎很在行，问我要"梦幻天使"还是"巧克力火锅"，反正都没吃过，我就要了"梦幻天使"，这名字让我浮想联翩。他自己则要了一杯咖啡，在等待的时候，他问我："你知道这里的广告语是什么吗？"

我又想起了那句话，但我没敢乱说，就摇摇头。

"总是在不经意的时候，给你带来一份最细致体贴的关怀。怎么样，很诗意吧？"我回味着若辰的话，觉得他话中有话。

这时，"梦幻天使"送了上来，是两个冰淇淋球和上一点水果，但造型和点缀都很到位，78 元的价格却让我咂舌，想到经常和晓凡坐在麦当劳边吃卷筒冰淇淋，边看书，就觉得和在这里的感受完全不一样。如果说坐在麦当劳的是一个青春女孩，那这里就完全是一个淑女了。

我学着淑女的样子用调羹舀起一点尝了口，口感确实好，那种纯真的巧克力和奶油的香，似乎能一下子感染我所有的味觉，因为它的价格，我吃得很慢，细细品味着，偶尔朝窗外热闹的淮海路看一眼，若辰看着我吃，似乎要留下时间让我欣赏哈根达斯的关怀，他一直没有说话。

对我来说，这段时间的生活中，从来没有这么悠闲的日子，外公的病、高考、晓凡，还有每日必须对付的三餐、家里的卫生……每一样都是那么烦人烦心，所以，当将所有摆脱，坐在这里享受这特别的美味时，我才知道，不经意中，原来生活还有这么细致入微的一面。咖啡端上来了，他喝了一小口，像是想到了什么，忽然开口问我："你能告诉我，你第一次喝咖啡时的感受吗？"

"咖啡？"我歪着脖子看着他，回忆着曾经的感觉，"先苦后甜，嗯，主要是提神。"我想起对咖啡的情有独钟完全是为了在晚上复习而不打瞌睡。

他呵呵笑着，说："很好，很好！"

"什么很好？"看到他的坏笑，我追问道。

"我说了，你可不能骂我啊。"

我点点头。

"这是道心理测试题，测试你初恋时的感受。"他说好又呵呵笑起来，"看来你和晓凡后面还有戏！"

我先是一愣，马上也笑了："坏死了，那你呢？"

"第一次我同学问我，我说，有一种特别的味道。然后想了想又说，好苦哦。我同学笑我，说我完蛋了，初恋滋味虽然特别，但苦味占了绝大多数。"

"那事实呢？"我被他逗乐了。

"我怎么知道，还没开始呢。"他说得一本正经，"不过，我想不会这么糟糕的。"

“当然，只要你不真的做花泽类。”

“怎么说?”若辰一脸的认真。

“在藤堂静和杉菜之间不知所措呀。”

“紫怡，如果不是这么和你认识，或许我真会追你。”若辰忽然冒出了这么一句话。

“追?”我以为我听错了，但我没有像往常一样立刻回敬他，这样美好的时光，这样有氛围的场合，我不想破坏了，我朝他笑笑，“但我外公说，你会是一个好哥哥。”

八

一上火车，我就迫不及待地将外公的第一封信从背包的隔层里拿了出来，如果说刚才在哈根达斯像一个美丽的梦幻，那么，现在我又回到了现实中。

想到外公躺在病床上奄奄一息，我对这次旅程更是充满了忐忑。

没过多久，火车就鸣着汽笛出发了。

一路的风景被黑夜遮掩着。我略略打开窗户，让风灌进来。头发被吹拂的感觉很好，我想马上看到信上的内容。就问若辰："我可以看信了吗？"

他朝我点点头。

有点小时候玩游戏的心情，我不知道外公的葫芦里究竟卖的是什么药，但我知道，外公用他虚弱的身体写下这些，一定是煞费苦心。

我慢慢撕开了信封，翻开里面一张不大的信纸，上面的字抖抖的，看得出外公写这些字花了不少力气。

亲爱的紫怡：

我知道你和若辰已经出发了。若辰答应过我会好好照顾你的，但你也要乖一点啊。

你外婆走后，我每年都要去一次普陀山，你一直问我为什么不带上你，现在可以告诉你了。我是去那里忏悔，排解一下内心的忧愁。

我这一生最大的失败，就是失去了你妈妈，还教会你恨你妈妈。

我很爱你，一直以为我的爱可以替代你没有父母疼爱的缺陷。但我错了。我快不行了，我很想用我最后的一点时间，改变这个事实。

所以，你要帮我。

我反复看了几遍，体会着外公写下这些时的心情。妈妈，原来外公并不像他表面显示的那么恨妈妈啊！我想，也许血缘真的是割不断的，那么，这么多日子以后，我还能收拾心情重回过去吗？

忽然想起梦中遥不可及的紫色。我收起信，抬头问若辰："你知道多少我们家的故事？"

"不是很多，但你妈妈的故事我早就听说了。"若辰说完递过来一个苹果，"你吃点东西，坐长途车熬夜会很累的。"

"你认识我妈妈？"接过苹果的时候，我的脑子里忽然冒出了这样的疑问。

他点点头："你先吃吧！要削皮吗？我妈妈洗得很干净的。"

我接过苹果，先咬了一大口，苹果很甜，很脆！"你妈妈真好。对了，她喜欢我挑的围巾吗？"

“嗯，天天戴着呢，还说你的眼光真好。”

“我？她知道是我挑的？”

若辰没有回答。

看我吃完了，他才说：“吃完就去洗刷一下，已经要凌晨了，你还可以闭一会眼睛。”他边说边从包包里拿出一个小塑料袋，从里面掏出了一次性的牙刷、牙膏和一条崭新的毛巾送到我手上。

“哇，你怎么知道我没带？”我大声叫了起来，“你太细心了。”

若辰笑了：“听上去可不像夸奖，好像在数落我很婆婆妈妈啊。快去吧，没几个小时好休息了。”

洗刷完毕，才感觉疲劳万分，事实上，从下午放学回家开始奔波，我那颗心就没有放下来过，如今靠在坐椅背上，我不知不觉迷糊了。

火车在第二天早上5点准时到达了宁波车站，我是被若辰推醒的，蒙眬中睁开眼睛时，我才发现自己的整个身子都伏在了若辰身上，两只手还紧紧握着若辰的手。我的身上，还盖着若辰的白色运动衣。

我很不好意思地坐了起来，将运动衣还给若辰，问他：“到了吗？”

“宁波到了，但离我们的目的地还有一段路呢。你睡得很香啊，而且睡着的样子很可爱。”若辰一边爬上椅子拿包，一边低头对我说。

我揉一下眼睛，看着若辰，真有点不好意思。

“谢谢你，若辰。”接过若辰递下的背包时，我说，“你一夜没睡吧？”

若辰跳下来，刮一下我的鼻子，说：“我经常熬夜的，没问题。

紫露香凝

我们走吧。”

走出站台的时候，天还没有亮，远处有星星点点，近处很多出租车司机已经在招徕生意了。或许是刚刚醒来，我觉得头重脚轻的，若辰搀着我的手，一路扶着我，他指着一辆红色的桑塔纳说：“我们坐到船码头吧。”我睡眼惺忪地跟着若辰，“你决定吧。”

“你现在这样子，给我卖了也不知道啊。”

“你就把我卖到普陀山去吧，也省得我费心费力地考试了。”我虽然半闭着眼，但脑子已经清醒了。

一路颠簸到船码头，买好了船票，太阳也露了脸。

还有一个小时就可以到普陀山了。

站在轮船的甲板上，想到外公每次一个人到这里，带着心灵的创伤，来寻找一点抚慰，而我却一点都不知道，我很难过。其实，我何尝不想妈妈，我还以为外公他……

我不由得双手合十，面对海水祈祷起来。

微风吹过，带来海水那咸滋滋的味道，我觉得我的眼睛有点湿润了，我想到了妈妈，那个在我脑海里日渐模糊的形象如今又清晰起来了。

可是，那么多次的拒绝以后，我真不知道我该如何去面对她。

我感觉得到若辰走到了我的后面，我赶忙用手擦一下眼泪，我不想让他看到我的眼泪。他用两手扳住我的双肩，把我 180 度转了过来。

“别难过，一切都会好起来的。”他说。

我朝他点点头。

九

临近中午的时候，我们终于在普陀山安顿下来了。

普陀山被称作“南海圣境”，果然名不虚传。

外公在第二封信上说，他的心里还有两大心愿未了，如果都能实现了，他也就无憾了。他在信的最后写道：

“去一下普济寺，请帮我将第三封信送到那里的许愿箱里。那里面是我的一大心愿。”

我翻出信一看，信封上写着：

这是我最大的心愿，不好看啊，看了就很难实现了。

吃好午饭，我扬一扬手上的信对若辰说：“你知道普济寺在哪里？我现在就要去。”

若辰点点头，拉起我的手就往前走。

下午的阳光很明亮，我眯着眼睛，跟着若辰快速走着，常常能看见装备齐全的一家子举着相机微笑的身影，走了不多久，就有点气喘吁吁了。

“你能不能慢一点。”我说。

“我想快点了了他的心愿呀。”若辰并没有放慢脚步，“这也许是他最后的心愿了。”

我一惊，本能地加快了步伐，经过了一个停车场，跑过一片荷花池,终于到了普济寺门口。

袅袅的烟香弥漫在门口,若辰买好门票,又走进旁边一家香店买了三炷香出来,对我说:"好了,我们可以进去了。"

"你还要烧香吗?"我诧异地问。

"来了,就入乡随俗吧。"若辰说。

普济寺是普陀山的三大寺庙之一,听说每年来这里祈求的人络绎不绝,我站在寺庙前空旷的庭院里,恍如来到了另一个世界。这里的人不少,却没有人喧哗,很安静,古朴的建筑,带着几分庄严和敬畏,参天的老松古樟,给了这地方一种特别安宁素净的氛围。我似乎也一下子融进了这样的气氛中,我忽然明白了外公为什么每年都会来这里。在繁华的闹市呆久了,我想,外公是来这里寻找一分清净。

猛地传来一阵音乐声,我看到若辰着急地掏出了手机,看了一眼,对我说:"我出去接一下电话,你先把信送了。"

若辰一离开,我觉得自己空落落的,才发现这一路,我对他有多依赖。

我把信送进许愿箱里,然后一路慢慢地走,慢慢地看,心情中多了几分安谧。耳边是悠扬的佛乐,眼前有烟香弥漫着,我忽然觉得自己应该有所表示,虽然我还不知道外公的心愿究竟是什么,但我决定学着那些善男信女的样子,为外公向菩萨祈祷。

我轻轻走上前,双手合十,静静地立在那里,对着菩萨喃喃叙说,祈求菩萨能了却外公的心愿。

过了不知道多久，我感觉到有一只手搭在了我的肩膀上，我回头一看，发现是若辰。

“怎么这么久？谁的电话？”我回过头问他。

他没有回答，独自一人走到烛台前，点燃了手上的香，他的脸色不太好，但神情虔诚，我不想打扰他，就慢慢走下台阶，坐在一棵老樟树下等他。

……

走出普济寺的时候，天色已经晚了，落霞映红了天边，若辰问我：“去海边走走好吗？”

我点点头。他便紧紧攥住我的手，默默地向前走去。

我被他抓得很疼，但我没有吭声。只是跟着他，他走得很慢，似乎还没有从刚才的气氛中走出来。

我理解他此刻的心情，我想，我应该安静一点。

似乎是不知不觉地，若辰带我来到了海边。

这里就是有名的百步沙。正是落日时分，远处的群山如画，青天如海，霞光映红了海面，将一切都笼罩在朦胧中。看到海，我莫名地兴奋起来。

我松开被若辰紧握着的手，向着大海奔跑而去。没多久，就把若辰甩在了后面。

走过一段礁石，眼前就是“黄如金屑软如苔”的黄沙海滩了，我索性脱了鞋，踩在了细软的沙地上，这感觉真好。我真想大叫，我觉得刚才的压抑在慢慢离去，在大自然广阔的怀抱里，我感觉非常地惬意。

在沙滩上坐下，我回头看一眼若辰，他依然走得那么慢。

“若辰，快过来！”我朝他挥舞着手臂，但他却没有反应。

这一路过来，我始终在感受着若辰的细致，慢慢体会着他的好，他始终很像个周到的哥哥那样照应着我，我渐渐明白了外公对他的放心。

不管他了，我想起外公的第四封信。

我在沙滩上坐下，翻开了小包，拿出了信，神情专注地展开了信，这封信居然用了紫色的信纸，还能闻到信纸淡淡的香味：

亲爱的紫怡：

你看到海了吧。

我每次坐在礁石上远望大海的时候，总会想到一句话：退一步，海阔天空！

可我用尽一辈子的时间，也没做到，我一直没勇气和你妈妈说对不起，这几天，若辰把你妈妈带到了我身边，我很高兴，终于可以说出憋在心里好久的话了。

紫怡，你一定想知道我的第一大愿望吧，我一直希望你能和你妈妈重新生活在一起，在这个世界上，她是最疼爱你的人啊。外公要走了，最不放心的就是你。

……

妈妈？外公希望我和妈妈和好？我的眼睛潮了，想起很多次梦中的那片紫色，其实一直也是我挥之不去的梦想啊！我抬起头，看到若辰已经来到了我的身边，我指着信问若辰：“我妈妈现在在他身边吗？”

若辰点点头。

沉默。

寂静的海边，只有波涛拍着海岸的声音。

“你怎么会认识我妈妈的？她现在好吗？”我问。

“紫怡，你听我说，真的，你不是孤单的，你不但有你外公，你还有我，还有你妈妈！你知道吗？其实，我们每个人都很爱你的。”若辰忽然蹲在我面前说。

“你？也爱我？”我抬起眼看着若辰，调皮地问。

若辰没有笑。

“你怎么了？我开玩笑呢。”看若辰沉默，我又说。

太阳不知不觉已经落到了海平面下面去了，若辰还蹲在我面前，忽然来了一阵风，我一个激灵，远远望去，海面上卷起了千层白浪，能清晰地听到波涛汹涌而来的声音。

若辰又脱下了他的衣服，我正想说不用，他已经帮我披上了。然后，他用双手扶着我的肩膀：“紫怡，有个不好的消息，我不知道要不要现在告诉你。”

“什么？”猛然想起若辰一路的表情，想起若辰接过手机，我的心往下一沉，“是关于我外公的？”

若辰无力地点点头。

有一刹那，我怔在那里，没有表情，没有悲哀，似乎一切都与我没有关系，我站了起来，神情茫然，我挣脱了若辰的双手，一步步朝

大海走去，脚步跌跌撞撞地，好像随时都要倒下的样子，眼前定格的，是外公的笑容。若辰的衣服落下了，我也没有去拾一下，我知道若辰就跟在我后面，走了不远，我忽然噗的一声跪了下来，两只膝盖深深地埋进了沙地里，我爆发般哭出了声。

若辰赶紧跑到我面前，扶住了我将要倒下的身体，这个时候，我已经满脸是泪了。

“他走的时候，我妈妈在她身边吗？”我泣不成声地问。

他点点头，眼圈也红了。“电话就是你妈妈打来的，”若辰说，“紫怡，其实，你外公早就知道自己的情况了，他要我陪你出来，一是为他的心愿，再就是不希望你亲眼看到他离去。我当时很矛盾，但我最后答应了他，因为我看到了他心底里最善良的东西，我没法拒绝他！紫怡，要不，我们马上赶回去。”

我摇摇头：“我想把这些信都看完。我想他希望我这样。”我泣不成声地说完，将头埋在若辰怀里，号啕大哭起来，外公一直到最后的时刻，还在为我着想。

哭完了，我想起云中鹤说过的话，我抬起头看看天，说：“有人曾经对我说，我外公会去天堂，他会在那里看着我。”

“是呀，紫怡，你要挺住！你外公也是这么说的，你等等。”若辰说着，跑到刚才他蹲着的地方，从他的背包里拿出了一只黑糊糊的东西。

“紫怡，你外公说，等他升天的时候，只要我们放一支烟火，他就能在天上很容易找到我们了。”

我朝若辰点点头，又一次抬头看看天，那里有许多星星，正眨着眼睛看着我呢！

若辰固定好了烟花，拿出打火机点燃了引线，然后跑到我身边，紧紧地抱住了我，这一刻，我觉得特别需要他的安慰。

我就这样偎依在若辰的怀里，看着黑暗的沙滩边骤然亮起的五彩烟花，周围非常安静，只有烟火发出的嗞嗞声。烟火染红了沙滩，我望望天，看着漫天闪亮的星星。我相信，那当中一定有一颗是属于外公的，他正在看着我呢！我挺起了身子，我想，我应该坚强一点了。我瞑目合十，在心里默默对外公说：“外公，你看到我了吗？我一定会了却你的心愿的，我保证！”

十

回到旅馆以后，我翻出了外公剩下的封信：

紫怡，走一次佛顶山吧！我觉得人生也像爬山，也许很累，但每爬一步，就离山顶近一步，只要不放弃，就能爬到山顶。到了山顶，我会告诉你我最大的愿望。

外公

紫怡，知道我为什么希望你爬上佛顶山吗？这是我的又一大愿望。和你相依相伴这么多年，一直想看你考进大学。千万别放弃了！

等你进了大学，去我的坟上烧一炷香，我会开心的。

你最最亲爱的外公

我去了佛顶山，我是一步一步爬上去的，一路上，我一直想着外公信里面的话，我在心里默默下定了决心，还有一个月，我要把所有的都抛开，我必须考进大学！

回到上海，经历了撕心裂肺的一个星期以后，我重新回到了学校。

我告诉若辰，等进了大学再去见妈妈！

若辰说要帮我，但被我婉言拒绝了。经历了普陀山之行后，若辰在我心里的砝码加重了，我怕自己见到他反而会分心。

晓凡见我手臂上多了一块黑纱，几次想敲开我家的门，我也没有答应。我还是愿意将我们的约定放在发榜的那一天。

一个星期之后，学校的课全部上完了，我决定独自一人躲在家里埋头苦读，谁也不见。为此，我拒绝了若辰的好心和晓凡的热情，累了的时候，我会去云中鹤的看板浏览一下，“紫露香凝”中居然加了许多考题！我觉得也许在感情上，我和他是最接近的，我喜欢他看板上对心情的诠释，那种风格让我的心情马上松弛下来了，然后，我又重新沉浸到课本当中。晓凡依然每天将点心放在我家门口，有时候点心上会压着几页题目，圈圈点点的，令我感动。这样的时候，我就会想起和晓凡一起飞翔的日子……

若辰不时发来一个短消息，多半是要我当心身体。我时常会在累极了的时候想起若辰，想起他宽宽的肩膀，他的细致和体贴。

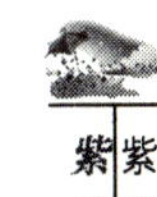

紫露香凝

妈妈托人送来了很多营养品，我没有拒绝。

很快，昏天黑地的一个月结束了，高考那几天以后，我的心安定下来了。

我觉得，外公的心愿能达成了，我有这个把握。

十一

终于等到了第一批录取通知书发榜的日子。

早上，明媚的阳光已经洒满了整个屋子，像是压在心头的那块石头终于可以落地了，我早早地起了床，等待邮递员的到来。

闲来无聊，我打开了电脑，打开电邮，看到云中鹤发给我的文件，我估计可能是照片，因为我们曾经约定，等我拿到录取通知书，我们就见面。

我点开了文件，就在这时，我听到了门铃声：

"紫怡，紫怡！我考取了，F大学！还有你的录取通知书，快开门。"是晓凡激动的声音。

我赶紧打开门，晓凡妈妈站在晓凡身后，意味深长地看着我，邮递员送上了我的特快专递。

我的手不听使唤地抖着，我看到了"S医大"几个字，我跳了起来。

"紫怡，还记得我们的约定吗?"是晓凡的声音。我把他让进了屋里。

秋天的风以及冬天的落阳

忧郁的青春

年少的我曾经无知的这么想

风车在四季轮回的歌里在天天的流转

……

生命与告别光阴的故事改变了两个人

就在那多愁善感而初次流泪的青春

遥远的路程

昨日的梦以及远去的笑声再次的见面我们又历经了多少的路程

生命与告别光阴的故事改变了我们

就在那多愁善感而初次回首的青春

耳边忽然响起罗大佑熟悉的歌，我才想起我刚刚打开的文件。

果然是张照片。

照片上的男孩我怎么这么熟悉？他的笑，他的眼，还有他那个特别的神态，都是那么的熟悉。

“若辰！？”望着电脑，我愣住了。

云中鹤——若辰？

往事在我的眼前翻转着，云中鹤说他失去了妈妈，若辰请我陪他为妈妈买母亲节礼物；当我说到若辰的时候，云中鹤始终只是给我一个调皮的微笑；若辰的细致和云中鹤富于哲理的话……短短的几个月，我似乎经历了太多的巧合！想起云中鹤和若辰都喜欢的薰衣草，我已经明白了大半，但我依然很气愤，我拿出手机，拨出了若辰的电话。

“你看到我发过来的照片了？”听得出，他在等我的这个电话，

“我一直在等谜底揭穿的这一天。”

“就是！我想听你的解释。”我的声音一定很凶，我看到晓凡用奇怪的目光看着我。

“那我在你外公的墓地等你，好吗？”

“好，我马上过来。”挂了手机，我觉得事情变得复杂了。想起在普陀山时我对若辰的依赖，我搞不清那是一种怎样的感情。

我喜欢上他了？不，不可能！

我看着晓凡，忽然有了主意。

我对晓凡说：“晓凡，祝贺你！我知道我们有一个约定，但我现在必须先去一个地方，要不，你陪我一起去我外公的墓地，好吗？”

初夏的阳光，火辣辣地照在墓地。

我觉得若辰是了解我的，他知道拿到了录取通知书，我一定会来外公的墓地。

我怀里揣着那张通知书，默默走向外公的墓碑，我在他的遗照前跪了下来，我告诉他，这一个月来我的苦读，我的拼搏，和我内心的挣扎……

“现在好了，外公，你可以无憾了！我会把这个好消息通知妈妈的，我想妈妈会高兴的。你的心愿，我也会尽快去达成的。”

当我将一切诉说以后，我慢慢站了起来，才发现，若辰一直站在不远处望着我，他朝我走来，他脸上的笑容很奇特，也许是因为他看到了我身边的晓凡，他的眼睛里，有怜惜，还有一点我理解不了的东西。

我笑着和他打招呼，用一种尽量平静的口吻。

“若辰，你好，正式向你介绍，这是我同班同学贺晓凡。”

“晓凡，这是我哥哥若辰。”

我想，这样说应该没错。

外公一定早就知道了。

虽然保持着这样一份矜持，但我急于想知道事情的来龙去脉。我叫晓凡等我一会，和若辰走到了一处树阴下。

我们面对面坐了下来。若辰从背包里拿出了一瓶矿泉水递给我，他还是那样的细心，这让我的心尖有点疼。

他开始叙说：

“我做志愿者完全是为了我妈妈。这么多年来，她一直照应着我和爸爸的生活，却忽略了你和你外公，我想为他做一点补偿。所以，你外公从一开始就知道我的身份，但他不让我告诉你。他怕你因为不接受你妈妈而怨恨到我，而他觉得只有我可能帮你。他告诉了我许多你的情况，你最爱吃的蛋挞，你爱死的薰衣草，你的手机号码，你的 QQ 昵称，你想考的学校……我想通过网络认识你，用我的个人主页打动你，你妈妈当初用她的爱心打动了我，我想报答她。可我们才在网上认识不久，我们就在医院遇到了……我起初完全是为你外公着想，看到他那么善良，我很想帮他，我想只要像对待一个小妹妹那样对你，就可以了。后来，因为你说要放弃高考照顾你外公，他急得不知所措。他知道自己将不久于人世，所以一定要我答应带你去一次普陀山。以后的事情，你都知道了。”

“那在普陀山的时候，你为什么不说呢？我记得我还提到过云

中鹤呢。”

“是的，我犹豫过，每当你在网上和我说话，我都想马上把一切捅破，可是，紫怡，不知道该如何坦白的原因是因为，因为我发觉自己渐渐喜欢上了你。而我一直在告诫自己不可以，因为我是你的哥哥呀。紫怡，你能懂我的心情吗？”

我低头不语，我知道若辰说的是实话。其实，我也很依赖他啊。

就在我抬起头的时候，他又说：“紫怡，请你现在什么也别说，好吗？说老实话，今天看到晓凡，我有点醋意，但我知道你和他的约定。还记得我们说起过关于咖啡的故事吗？其实我对这种说法一直耿耿于怀。你不是进了S医大吗？我一直想，也许我们来日方长。”他停了一下，看我正专心听着，才又说，“现在，我要和你说另一件事情，和我一起来的，还有一个人，我想现在，你也许愿意见她了。”

若辰说完，用手指指墓地。

我朝他手指的方向看过去，首先看到了一条粉紫色的围巾。

阳光下，这围巾特别引人注目！

我看到她回过头来，朝我微笑。我知道那是若辰的妈妈，也是我最亲爱的妈妈！

多少次梦里遥不可及的粉紫色，今天终于就在眼前了。

我想，我不能再错过了！

我朝若辰点点头，就朝墓地飞奔而去，我想赶快投入她的怀抱。

我的泪水忍不住涌出来了，但我还在奔着，跑着……

第一次，我觉得身子是那么地轻盈！

十二岁的天空

第一篇章　夏之发现

夏日，是小小最喜欢的一个季节，因为有长长的暑假，弄堂里可以生发出许多好玩的故事来。可 12 岁的那个夏季，弄堂的时光却有点走样了……

——题记

一、小小知道，大人总是有说不完的道理，很少会承认自己错了。可她不明白，为什么白娘娘也会帮着郝阿婆呢？

一

梧桐树的叶子渐渐撑开翻绿的时候，大街上开始有人穿裙子了。

6 月了，夏天快要来了，暑假就在眼前了。

放学回家的路上，小小的心里有点无奈。

踏进弄堂的时候，小小想起了花园里的那棵无花果树，上面的无花果该成熟了吧。蜜蜂不知道是不是采过它的蜜，那果子的滋味又会怎样呢？她和小乔长这么大，还没尝过无花果的味道呢！

弄堂很长，静悄悄的，那种安静，让小小的心里有点恼火，原本这个时候，小乔他们肯定满头大汗地在踢足球，而花园里，就是她们女孩子的舞台了……

哪里会像现在这样，小小都能听到自己的脚步声了。

忽然，隔壁幼儿园的音乐声打破了宁静："吹起小喇叭，答嘀答嘀答……"3:30分，幼儿园小朋友们的午睡结束了，他们倒可以起来玩了。每次听到这声音，小小都很满足，庆幸自己终于长大了，终于可以不再闭着眼装睡了，终于可以放学后想怎么玩就怎么玩了。

可现在，连这样的权利也被剥夺了。

小小无奈地叹一口气，走过长长的弄堂时，不由自主地朝1号楼二楼白娘娘家的窗口望了望，要不是她做夜班要午睡，郝阿婆怎么会不让她们跳橡皮筋呢？

穿过1号楼的花园，走到了2号楼的花园前，小小一眼便看见那棵枝叶繁茂的无花果树，在枝叶中间，一颗颗青色的无花果已经垂了下来，爸爸说过，要等那些果实转黄爆开的时候，无花果才算成熟了，才可以吃，看来，还要等一段时间。

"砰！"一只足球从天而降，在烂泥地上蹦得老高，差点砸在小小的书包上。小小正想大叫，才发现这足球眼熟，上面有一个大大的"乔"字，这不是小乔的足球吗？

她抬头朝三楼的阳台望去，果然，小乔的头伸出许多，正拼命和姐姐打着手势。

“你不要叫，不要叫，我马上下来了，我下来和你说。”话音未落，弟弟的头就不见了。

小小知道，这是小乔他们惯用的手法。看来，隔壁的郝阿婆一定又守在楼梯口了，为了不让她老人家发现，小乔才会先把足球丢下楼，然后自己再溜下来。小乔曾不止一次幻想过，如果可以在三楼的阳台装一个滑滑扶梯直接滑下来，那该多好啊！

可是，可是，小孩子怎么搞得过大人呢？

“不是有人做夜班吗？你还想踢足球？当心妈妈回来人家来告状。”看到小乔从 2 号楼的门口闪出来，小小摆出姐姐的模样警告说。

“放心吧。我有绝密情报！保证没人告状。”小乔用脚将足球一下勾起，用手抚摩着，一副得意的样子，他朝 2 号楼那里努努嘴，“不骗你的，你快去吧，圆圆在那里等你呢。”

小小拐了个弯，走进 2 号楼的门洞，果然，圆圆已经拿着橡皮筋等在那里了。

土黄色的橡皮筋在圆圆的手中跳跃着，很有诱惑力。

“咦，今天是怎么了？她不管了吗？”小小用手指指楼上，轻声地问。

“你快上去把书包放好，我再告诉你。快点噢！”

“你先说吧。书包放不放没关系。”小小的心中充满了好奇。

“我问你，郝阿婆家是不是有个小毛头，很小很小的。”

“是呀，她不是分过喜蛋吗？那小毛头呀……”

“这就对了，我们都上当了！”圆圆打断了小小的话，将小嘴凑在小小的耳边，轻轻地说，“她不是说人家要上夜班，不让我们弄出声音吗？其实是她家的小毛头要睡觉，白娘娘她呀……”圆圆将嘴巴凑到小小的耳朵边继续说。

“你肯定白娘娘在织绒线衫？”小小不相信地问，“你亲眼看到的？”一边这么问着，一边小小的耳朵里响起了祝老师说过的话，祝老师有一次对小小说，事情总是在变化着的嘛，你怎么知道这弄堂就会永远这么安静？你看着，不出一个星期，这里就又会热闹起来了。

哈，祝老师还真厉害。

“我刚从她家里出来。”圆圆肯定地说，“你还是先上去把书包放好，顺便看看郝阿婆和她的小毛头在干什么，我在花园里等你。”

“好！”

小小还没有走到三楼，就看到了郝阿婆，她在二楼到三楼楼梯的转弯处横着张藤椅，半闭着眼睛，肥嘟嘟的身体整个地摊在藤椅上，手里拿着把蒲扇，似摇非摇的。

郝阿婆大概才过了50吧，年纪不算大，弄堂里很多人都叫她郝大姐，但她要孩子们都跟着小妹叫她郝阿婆，好像这么一叫，她就是一个名副其实的好阿婆了。

虽然小小是三步并作两步很轻地跨上去的，但她还是听到了声响，随着一阵藤椅的格吱声，郝阿婆张开眼睛和小小打招呼：“放学了啊？小妹还睡着，轻点。”

接着，她又摇着蒲扇闭起了眼睛。

圆圆说得不错，小妹是在睡觉呢。不过，小妹是吵不醒的，这个小小有充分的把握。她嗯了一声,还是放轻了脚步。

放好书包,不知道是天热,还是心虚,小小发现自己居然出汗了,她走进厕所,想擦把脸。

水龙头一开,又没水!

郝阿婆家的脸盆里,倒是盛了满满一盆水。但小小不敢用,她知道这是为小妹洗澡准备的。算了,反正要去跳橡皮筋了,回来再说吧。

她离开厕所,蹑手蹑脚地下了楼。

二

2 号楼的三楼,并排住着小小和郝阿婆两家人家。

因为合用厨房和厕所,大家可以说是抬头不见低头见。

小小可以想象,原来这里肯定只住一家人家,因为自己家的阳台和郝阿婆家的阳台是通的,现在硬是用一排砖头隔开的。

郝阿婆家的人很多,到现在为止,小小也没有数清楚他们家究竟有多少人,反正是儿子女儿一大堆,一会儿这个回来,一会儿那个又走了,热闹得很。

郝阿婆的小女儿春妹是去年夏天挺着个大肚子回来的,还送了一袋蜜枣给小小家,那蜜枣是无核金丝枣,很甜很好吃。妈妈说,那是春妹下乡的那个生产队的特产,很出名的,一般人是吃不到的。

小小很喜欢吃,她那时天真地想,有一天长大了,也要去春妹插队的那个地方。

10月的时候，春妹生下个女孩。

到小女孩满月的时候，小小还吃到了郝阿婆送来的喜蛋，从蜜枣到喜蛋，有一度小小想，家里人多就是开心的事多。

渐渐地，西北风就来了。小小家有扇西窗，所以风就特别地大，一不当心，门就被风扑上了。

一天傍晚要吃晚饭的时候，妈妈正在灶间里忙着弄晚饭，爸爸在看书，小小在做作业，谁也没注意，门"砰"的一声关上了。

就在这时，门被很重地推开了，是郝阿婆，她手里还抱着那个小不点。

那时候几乎家家都不锁门的，钥匙就插在门上，所以郝阿婆一下子就闯了进来。

"小小爸爸，你这扇门可要管管好，我家的小妹小，你们一天到晚将门弄得乒乓响，让她怎么休息？"

爸爸抬起头，忙打招呼道："哦，对不起，对不起。以后注意，以后注意。"许是还沉浸在文章中吧，爸爸说完就又埋下头看起书来。

小小倒是抬起头看了看郝阿婆怀里的那个小生命，她正安心睡着，脸上没有一丁点的表情。看着那张粉嘟嘟的面孔，小小的心中本能地升起一点爱怜。

"你这就不好了，接受批评嘛，怎么能用这样的态度，啊？你没听到，我家小外孙女被吵得哇哇哭吗？"爸爸心不在焉的态度一定惹恼了郝阿婆，说时迟那时快，没等爸爸抬起头来，小女孩的哭声也跟着此起彼伏起来。

只有小小看清楚了那哭声的来源：是小女孩的外婆，用指甲狠命地捏了下她的小屁股。

女孩哭得很畅，奶声奶气的声音让人心里不忍。

爸爸只得站起来，哈着腰赔了很多的不是。

郝阿婆呢，一边哄着小妹，一边叽里哇啦说了一大堆的教训话，还将手指指到了爸爸的鼻子底下。小小很想将真相告诉爸爸，但小小不敢，爸爸是不允许小孩在大人讲话的时候插嘴的，爸爸说，这是最起码的礼貌。

小小就那么坐着，看爸爸越来越激动的脸庞，心里充满了无奈。

那是生命中第一次，小小知道，大人讲的不都是真话。

小小不懂的是，那个送喜蛋的眼睛眯成缝笑眯眯的郝阿婆，和眼前这个暴跳如雷指着爸爸鼻子的郝阿婆，怎么会是一个人！

三

"小皮球，歇歇来，落地开花二十一，二五六，二五七，二八二九三十一；三五六，三五七，三八三九四十一；……"

还没走出 2 号门，小小就听到朱嫣红的声音了，还没正式开始呢，她一定是等不急了，那有节奏的歌谣声让小小的内心起了一阵涟漪。

弄堂里好久没有这样热闹了。

长长的弄堂里，一帮男孩正在拼命抢一只足球；而花园里的两棵大树上，已经架起了橡皮筋。

每一个人都在重复着同样的一句话："白娘娘在织绒线衫呢，

今天可以玩个够了。"

"乒令乓朗起，突出有福气……"很快，女孩们就分成了两组。

"和以前一样，输了只能用假脚救。从踏脚板跳起，一个人只有一条命……"圆圆认真地宣布着规则。

忽然，朱伟杰从旁边蹿了出来："我也要跳，算我一个。"

"不带，不带，男孩子也想跳橡皮筋，娘娘腔。"大家都坚决反对。

朱伟杰才不管大家的反对呢，他用两脚钩住橡皮筋，在原地360度地转了两圈，那土黄色的橡皮筋，现在全绕到了他的脚上了。他自己动弹不得了，而所有的人也都没办法跳了。

这下，大家都急了，好不容易一切就绪，居然半路杀出个程咬金。朱嫣红也急了，上去劝说道："弟弟，快放手，你还是和他们一起踢足球吧。"

"他们不肯带我玩，妈妈说的，你要照顾好我的。"朱伟杰不为所动。

所有人都围了上来，闹成了一团，大家嘴里叫着、嚷着，要将朱伟杰赶出去。

正在闹得不可开交的时候，猛地，一个尖脆的女高音盖过了所有的喧闹，临空而下："谁在下面吵啊？你们这帮小家伙！不知道人家上夜班吗？停下！快停下来！"

是郝阿婆！她站在三楼她家的阳台上，俯瞰着下面，整个脸因为气愤而涨得通红。弄堂里的声音立马轻了，大家都伸着舌头，扮着鬼脸，你看看我，我看看你，郝阿婆的声音还在空中回绕着："你们就是不懂照顾人家的，好呀，微微，你也不听话，看我不下来抓你……”

微微听外婆这么一说，抱着足球就往弄堂外面飞奔而去，小乔一看急了，这是他好不容易才攒钱买下的宝贝，他一挥手，拉着陈平也跟了出去。

若在平时，大家肯定也跟着跑得无影无踪了。

今天不一样，虽说足球没了，橡皮筋也跳不成了，但大家都围拢在圆圆旁边不想离去。

谁都知道，圆圆的情报向来是很准的，今天肯定有西洋镜好看啦！

“怎么，微微呢？跑了？”不一会儿，郝阿婆肥嘟嘟的身子已经转了下来，“做夜班是为了抓革命、促生产，这个道理你们读书人应该知道呀！祝老师没和你们说过吗？今天是谁带的头，啊？”郝阿婆的手指伸了出来，声音洪亮地问。

“你这样大的喉咙，人家早被你吵醒了。”圆圆说。

“我声音响，还不是因为你们吗？”郝阿婆继续伸着手，“休息不好，晚上怎么有精神啊？”

有几只蜜蜂嗡嗡地围着声音打转，郝阿婆恼火地用手挥了一下。小小看到，心里不由得笑了，连蜜蜂也讨厌这个嗓门洪大的老太婆呀！

“瞎说，白娘娘中午就起来了，我刚才还和她讲过话呢！”圆圆就住在白娘娘家的楼上，而这两幢楼里，就白娘娘一个人上夜班，所以圆圆的话很有说服力。

怕郝阿婆没听清楚，她特意又加了一句："她在织绒线衫，没在睡觉！"

"就是嘛！我们侦察好了才玩的。"大家附和着说。

"你们说什么？啊，我瞎说？谁跟我去看看，白娘娘究竟在不在睡觉。"郝阿婆大声叫着，将手指头指到了圆圆的鼻子上。

小小马上想到了那个暴跳如雷的郝阿婆，她看到过那架势，爸爸都没办法赢她，她赶紧拉拉圆圆的衣角，想叫她算了。

"走哦！"不知哪个男孩怪声怪气地叫了一句。

所有的人都起哄起来："走——走哦！"

很多事情，就怕起哄！圆圆看有同伴支持，声音比刚才高了："什么照顾人家做夜班，不就是你家的小妹要睡午觉嘛。何必说得那么好听！"

"你说什么，我堂堂居委会小组长是这种人吗？我倒要让你看看，白娘娘究竟睡不睡午觉，我是为她好，我想她知道了是会感激我的。走，我们上去看看。"刚才还只是做做样子，现在她拉住圆圆的胳臂动真格了。

圆圆被郝阿婆拉着，朝1号楼里走。

"别拉我嘛，我自己会走的。"圆圆心里有底，并不害怕。

郝阿婆似乎也胸有成竹，她一手拉着圆圆，一手拨开人群，嘴里还在嘀咕着什么。

在她们后面，还拖着一大群的尾巴。

"欧，走喽！看西洋镜去喽。"

"走喽。"

小小也很兴奋，她想，这事情如果被祝老师知道了，一定要说我们人小鬼大了，哈哈，这下郝阿婆要输了。

看一个大人输在小孩的手里，无论怎么说都是件令人愉快的事。

四

微微没跑远，躲到了隔壁520弄的花园里，这是在小乔和陈平意料之中的。

520弄的花园和小乔他们家只隔着一堵墙，却完全是另一番景色了。这里人家不多，花园却很大，而且精致，亭台楼阁，小桥流水，那些假山和山洞，仿佛一个微缩的苏州园林。很难想象，在城市的嘈杂之中，居然有这样一片净土。小乔他们最喜欢其中一个隐蔽的山洞了，坐在那山洞里，可以看到外面的情况，而外面的人却很难发现他们。

他们估计，微微这会一定就躲在那山洞中。他们翻过了一座假山，探头往山洞里一看，果然在！

大凡觉得自己受了委屈，或者要躲避大人的责难，这山洞是最好的避难所。

三个人并排在山洞里坐下的时候，微微的手里还捧着小乔的足球。

“你也真是，害怕就不要出来，害我们追到这里。”小乔一把抢回足球，开始怪罪微微。

“我也不想这样嘛！”微微觉得很委屈。

“这个老太婆，真太讨厌了，好像要整个弄堂没一点声音她才开心。这弄堂又不是她一家的，哼！”陈平气鼓鼓地说。

“是呀，最好想个办法治治她。”

“有什么办法啊，哎，又不好再踢足球了。”微微说，看得出，他是真心喜欢足球。

“最好能弄出点声音来，像天上打雷那样，很响，却叫她没话可说，想发火又发不出来的那种。”小乔捧着脑袋使劲想。

“哪有这种事？”微微推了一把小乔。

“难说，办法是人想出来的嘛！”小乔摆弄着足球说。

“有了，”陈平忽然大笑起来，“这个办法我说出来，你们肯定都叫好。”

然后，他突然停在那里，看看微微，像是下了决心，“不过，你可不能泄密，要和我们配合。”

“我发誓。快告诉我，怎么干？”微微胖胖的脸上，一脸的真诚。

“过来，”陈平将手一挥，三个脑袋就凑到了一起，“我家有个远房亲戚，是做这个的……”陈平边说边做了个手势。

起先，谁都没明白，等陈平全部说完，三个人会心地笑了。

“她肯来吗？”小乔问。

“没问题，过几天，我就叫她到我们弄堂来，接下来，哈哈哈……”陈平满脸的得意，“微微，就看你的了。”

“好的，好的。”微微满脸堆笑地回应着。

“这件事情，一定要保密！我们拉勾吧。”小乔显然不放心微微，提议道，“谁也不告诉！”

三个男孩一脸真诚，三个小指头勾到了一起："拉勾上吊，一百年不许变。"三人刚喊完，小乔接着说，"谁泄密，谁就是小狗！时间也不早了，我们回家吧。不知道那里怎么样了呢。"

小乔用臂腕挽着足球，看了看渐渐暗下来的天空，站了起来。

回家的路上，三个人的心里都有一种将要恶作剧的快意。

五

1号楼的木楼梯被踩得格吱格吱响，难得有这么多人光顾。

住在底楼的恩妈警觉地将门打开一条缝，看到是郝阿婆带着一帮小孩子，马上又关上了门。比起郝阿婆，恩妈的话少，脾气也好，她似乎天生就怕和人打交道，特别是看到郝阿婆，总是避让三分。

白娘娘家的门虚掩着，还是圆圆离开时的样子。

郝阿婆顿了顿，"白娘娘在家吗？"她一边这么说着，一边已经很坚决地将门推开了。

随着门的吱呀声，一个大嗓门也随之叫开了："白娘娘，哦，你在睡觉啊，啊呀，你看，把你吵醒了吧，哎呀，都是这帮小家伙搞的。"

白娘娘生得白白净净，大概也就20来岁吧，听大人说，别看白娘娘长得标致，命却不好，中学毕业就去了偏僻的东北上山下乡，后来好不容易靠着男人回来了吧，那男人却不是个东西，硬生生把自己送进了监狱。她呢，在纺织厂做长夜班。

因为经常上夜班，白天要在家休息，她在弄堂里露面的机会并不多，弄堂里就有人说，她脸白是因为晒不到太阳而经常晒月亮的缘故，所以给了她这么个绰号，她原来叫什么，倒很少有人知道了。

在小小他们的眼睛里，白娘娘是个有点神秘的人。

正对着大门的大橱镜子里，小小看到了斜靠在床上的白娘娘，这会她正在揉着眼睛，一副很无辜的样子。

小小的心里一惊，难道圆圆的情报不准？

小小赶紧挤进去看个仔细，果然，白娘娘正欠着身半躺在床上，一条深红色绸缎面的被子盖住了她的大半个身子，床沿边上，是织了一半的一件绿色绒线衫。

白娘娘将被子往身上拉了拉，然后抬起头看着门口一大帮的人，问道："喔，郝阿婆啊，有事吗？我这就起来了。"

"别，别，你睡着就好，睡着就好。"郝阿婆一脸的笑容，她用力将圆圆推到了白娘娘的面前，板起脸来，嗓门又提高了八度，"你自己看看，人家白娘娘是不是在睡觉，你现在还有什么可说的，啊？"

圆圆的眼睛睁得大大的，一脸的诧异："白娘娘，你什么时候又睡下的？"她指指旁边的一只单人沙发，继续说，"我刚才不是看见你坐在那里织绒线吗？我们还说……"

白娘娘并不回答圆圆的话，自管自揉着眼睛："郝阿婆，你坐，你坐，我这就起来！"

郝阿婆这时已经换了副笑脸，放开了圆圆的手，顾自在床沿坐下，按住白娘娘的身子说："别起来！你听我说，事情是这样的，我知道你们做夜班的很辛苦，就关照她们轻一点，不要在弄堂里吵吵闹闹的，不要吵醒你，她们非但不听，还说你不睡午觉。哎，她们太小，还不知道体谅别人。那总该听听老人的话吧。所以我就把她们领上来了。你自己和她们说，她们在下面疯玩吵不吵？”

“就是，就是，你这是为我们好，我谢谢你还来不及呢。”白娘娘说着就将被子一掀，翻身起了床，“来，郝阿婆，你也难得来，我倒杯水给你喝。”

这下露馅了。白娘娘非但袜子没脱，连笔挺的藏青长裤也穿着，皮带都没解开。哪有这样睡午觉的啊？可是，郝阿婆像是患了近视眼，并不朝白娘娘身上看，反而顺手拿起了那件织了一半的绒线衫，“这花头真好看，这是给谁结的啊？哪天有空，帮我外孙女织一件？”

圆圆真是气不过，上前拉住白娘娘问道：“你睡觉怎么不脱衣服啊？”

白娘娘并不作答，而是将圆圆推到门口，对着门口看热闹的人群嚷道：“小朋友，没事了啊，快回家吧。”

然后她回转身对郝阿婆说：“好的，好的。这是一句话的。”

一副讨好的样子。

“大人骗大人喽。”朱伟杰在一边怪叫一声，顺势拿了门边碗橱上的一条年糕，当做枪朝郝阿婆瞄准。

“你别神气，看我不告诉你妈！”郝阿婆对朱伟杰叫了一嗓子。然后，郝阿婆就那么坐着，手捧着茶，和白娘娘很热乎地探讨起绒线衫上的花样，拉起家常来了。

看看没什么戏了，伙伴们叫着“没劲，没劲”就呼啦一下都跑得没影了。

小小终于知道，郝阿婆是不会输的。那个白娘娘，也在她心里留下了一点阴影。

看上去文气的白娘娘，为什么在小孩面前和在郝阿婆面前，要不一样呢？

难道这就是她一直等待和盼望的大人世界吗？

二、祝老师说，快乐的事情可不只是在弄堂里跳橡皮筋这一种，还可以有很多种呢……

一

小小趴在方桌子上，使劲地用橡皮在本子上擦了又擦。

这是今天所有家庭作业中的最后一道数学题了，只要再有两个步骤，就大功告成，余下来的所有时间，可以想怎么玩就怎么玩了。

可是，偏偏在这个节骨眼上卡壳了。题目或许不难，但小小的心思却离开了题目，她在想，即使做完了又如何？又不能到弄堂里去玩了，连原来很听她话的小乔，都按捺不住，一放下书包人就不见了，还神秘兮兮地说要去办一件很重要的事情，现在还不能告诉任何人，当然也不能告诉姐姐，因为已经答应陈平了；圆圆虽然嘴巴上说她会想出新花样来玩的，可已经过了两天了，却一点动静也没有……

那么，这道题目的答案应该是……小小看着练习本上已经被自己擦得黑不溜秋的地方，却怎么也没有办法集中精力。

做完了干什么呢，小小问自己，哎呀，下一步该怎么做？小小死劲想，却总是想到做完之后的事情。

算了，肯定做不出来了，去问问祝老师吧。

她站了起来，就在这一刹那，她明白了，刚才所有的动作，所有的想法，都在暗示自己，找个理由去祝老师家。

她笑自己，不至于吧，祝老师说过，没难题的时候也是可以去他家玩的，小小当时点点头，她喜欢去二楼祝老师的家里，那里似乎有一种和她吻合的气味，一坐在祝老师家的大床上，她就觉得很安心。可才去过那么几次，爸爸就说，没事情不准打扰别人，那样做很不礼貌，还说，祝老师上了一天的课，已经很累了，小孩子家的，要知道分寸！

小小当时很不以为然，人家祝老师自己说欢迎的，而且和他在一起确实很快乐，爸爸又不是祝老师，怎么可以代替祝老师思想呢？

但爸爸是家里的权威，他的话总还是要听的，所以，小小就在找到理由的时候，才去一次祝老师那里。

她拿着本子，心里忽然有点高兴，原来刚才自己的潜意识是在找这样一个理由啊。

好像一溜烟，她就下了一层楼梯，几分钟后，她已经敲开了祝老师家的门，坐在他家的大床上了。

祝老师家不大，或者应该说很小，方方的，面积大概是小小家的一半吧。中间有一张大床，靠墙壁的地方还放着张方桌子，再旁边是个五斗橱，小小常常想，祝老师就一个人，如果将大床换成小床，这个家就可以大一点。可大床也好，可以一下子坐下好几个人呢。

祝老师一个人住，所以他的家有点乱，也有点脏，不过这并不影响小小他们对祝老师家的喜欢。

祝老师皱着眉头，看完题目说："偷懒吧？这题目你应该会做的呀！"

"嗯，是不是先算两个人的行程总数，再……"小小觉得一踏进祝老师家的房门，她的脑子就豁然开朗了，"奇怪，刚才坐在楼上就是想不出呢。"

"是不是因为做完了也不能去弄堂里跳橡皮筋，就没了动力？"

"你怎么知道的？"太神奇了，小小将嘴巴张得大大的，她早就听说祝老师会算命，难道是真的？

想起那天发生的事情就让人生气，小小忍不住想告诉祝老师。

"你知道吗？那个老太婆也太欺负人了。还有白娘娘，一本正经说谎哦，她呀，简直是个狡猾的狐狸精！那天……"

没等小小继续，祝老师笑着打断了她："说得这么难听啊，你们呀，只知道看表面，哪里凭一件事情就可以得出这样狠的结论呀，看一个人可没这么简单，再说，你相信吗？"祝老师闭起眼睛停顿了几秒钟，然后说，"不出三天，事情就会有转机，弄堂还会回到你们手里的，你们等着瞧吧！"

"不可能的，那个小妹，又不会三天就长大，我们呀，没出头之日啦。"

"那又有什么关系啊，难道，在你们的心里，只有跳橡皮筋一种玩法吗？这个世界上，可以玩的东西还有很多呢，哪天我有空了，教你们一点新鲜的玩法吧。”

“好呀，好呀，不过别等哪天了，今天就教，不，现在就教！”

“教你个头，快先把这道题目做了再说。”祝老师笑着说。

小小很乖地开始写步骤。

“小小，小小！”忽然从窗外传来了圆圆的声音，这家伙，胆子够大，不怕郝阿婆说她吵了人家吗？

小小赶紧站起来，将头从祝老师家的西窗探了出去，却半天找不到圆圆。

“傻瓜，她站在花园里，是在这房子的南面，你从西窗看出去，怎么看得到她呢？”

“我在祝老师家呢，你上来吧！”小小意识到确实看不到圆圆的时候，胡乱地对着窗外叫嚷起来。

“肯定有事情，这个圆圆，上次就是她说白娘娘没睡觉的，结果害得郝阿婆来告状，晚上我们当中很多人还被大人骂了呢，祝老师，你要帮我们想想办法啊。”小小看着祝老师，继续着刚才的话题。

祝老师，和小小是一个星座的，都是双鱼座，这也是小小喜欢他的一个理由。据说这个星座的人最善解人意了，而且很浪漫。小小常常看着祝老师，会去想她的将来，是不是也可以像祝老师那样有出息呢？

大人们说，祝老师高中毕业那年，数学拿了全国比赛的一个什么奖，校长很高兴，就破例收他做了老师，而且将初三毕业班的数学课交给他上，几年下来，他教的班级数学成绩一直在区里名列前茅，在学校出了名。所以，在郝阿婆眼睛里，祝老师就是这条弄堂里除了小小爸爸之外最牛的知识分子，有什么事情，只要是祝老师说的，大半就好办了。

没等祝老师说什么，死圆圆已经撞进门来："小小，我有好办法啦，走，上你家去！绝妙的主意啊！"圆圆就这脾气，遇到什么兴奋的事情，一点也不遮掩，马上要一股脑儿全说出来。

"哦，用不着这样风风火火的，说出来听听？"真是奇怪，问她的居然是祝老师。

圆圆和小小一起用眼睛望着祝老师。

"和你没关系，不能告诉不相关的人。"圆圆说着，不由分说拉着小小的手就往门口走，才拉开了祝老师家的门，刚想出去，却和迎面进来的人撞了个满怀。

"祝老师，回来啦，快，来看看这照片，看看满意吗？"

见来人正是郝阿婆，小小她们本想马上消失，可"照片"两个字却一下子吸引了她们，谁都知道，郝阿婆一直说要帮祝老师介绍朋友，不是一般的朋友，是女朋友，莫非……

她们赶紧急刹车，把已经冲出去的身体往里面缩一下，就将脸凑到了那张照片上。

郝阿婆手上的那张照片是黑白的，好像是张报名大头照，是个五官很清爽的女孩，笑容有点勉强，但看得出，年龄不大，很纯洁很文静的样子。

"小家伙搞什么搞，快走，我和祝老师谈正经事，和你们没关系。”

小小和圆圆却笑着回头看祝老师，哇，祝老师的脸红了，肯定是郝阿婆要帮她介绍女朋友呢。

“祝老师，先说好了，我把微微交给你了，一个星期补一次就可以。时间你定，这个小姑娘啊，住在上只角的，工作也轻松，是个打字的，她就喜欢做老师的，我已经和她说好了，人家明天下班早，会来这里看我，你也早点回家吧。”

有趣，小小和圆圆仍然站在那里不动。显然对这话题很感兴趣。

“郝大姐啊，帮微微补课，那是一句话的事情，你明天就叫他来我家，我先摸摸他的情况，至于这个嘛，不急的，学校的事情多，现在不是时候，以后再说吧。”

“那怎么可以，我都说好了。哦，知道了，你们两个小姑娘，走，快点走，人家祝老师怕难为情啦。”郝阿婆这下动起手来，把小小她们硬是推到了门外，啪地一下关上了门。

圆圆和小小，只好往楼上跑。

心里却在挂念，不知道明天，是不是可以看到照片上那个文静的女孩。

哈哈，这真的是比跳橡皮筋更好玩的事情呀。

二

“表演小分队？太棒了！我会跳新疆舞。算我一个。”朱嫣红的声音里满是羡慕。

“走，走，到晒台上去说。”圆圆一挥手，一大帮人跟着她朝小小她们家的晒台走去。所有人的脸上都漾着对新游戏的渴望。

不是没办法在弄堂里跳橡皮筋了吗？可贪玩的心思却一点没减少，圆圆的新主意立刻得到了十二万分的响应。

其实，圆圆的新主意和白娘娘有关，有天下午放学回家，正好在楼梯上遇到了白娘娘，圆圆还想着几天前白娘娘和郝阿婆一起唱的那出糗事，没给她好脸色看，没想到白娘娘却笑着和圆圆打招呼，那样子，就好像要为她前几天的举动找个台阶，白娘娘说：橡皮筋跳不成了，你们可以做点别的有趣的事情呀，比如做一点女红，织点绒线，或者学点乐器，唱个歌什么的，可以玩的东西挺多的。还说，如果想学织毛衣或者拉手风琴的话，我可以教你们，在室内，不会吵到别人的。

圆圆只是笑笑，没搭理她，心情却阳光起来，马上跑去和小小商量。

小小听了在心里嘀咕，这话怎么和祝老师说的那么像啊，难道大人的想法都差不多？

“白娘娘好像没我们想的那么坏。”圆圆继续她的话题，“她这一说，我就想到了学校里的表演小分队，如果我们来成立一个表演小分队，那多带劲啊！”

“成立一个弄堂表演小分队，这主意有意思。”小小表示赞成。

“而且，我们就在你家的那个晒台上排演，哈，这下，看那个老太婆还有什么可说的。”圆圆的主意里明显还有点气，“你想呀，她不是说白娘娘要休息吗？那我们在2号楼玩就不会影响白娘娘了吧。”

小小心里却不这么想，她一直觉得要对付郝阿婆才没这么简单呢，2 号楼里，哪家不是让她三分的。

“如果可以跟白娘娘学织毛衣，也很有意思的。”小小说。

“那是以后的事情，现在，我们去叫小伙伴一起来成立小分队吧。”圆圆从来是说干就干的。

那时候，学校里的表演小分队可是每个女孩都羡慕的地方。精彩的表演，漂亮的演出服，还可以化了妆站在舞台上，嘿，别提多神气了。

可是，小分队招收队员的要求很高。不但要会表演，而且学习成绩也要出类拔萃！老师说，如果谁因为演出影响了成绩，就要退出小分队。圆圆就是因为成绩下滑，退出小分队的。她那时对小小说：“如果我是你，就好了！”

但小小虽然成绩不错，却没有什么表演天分，要进小分队也是难上加难。虽然，整个弄堂里的小朋友一个都无缘进小分队，但大家依然对那个地方怀着一份特别的向往。

所以，当圆圆提议成立一支弄堂表演小分队时，大家马上就欢呼雀跃起来。

“我们可以为爸爸妈妈表演，也可以到里弄里作宣传，而且，这个晒台离 1 号楼又远，郝阿婆一定没话可说。”圆圆的诡计，是在 2 号楼三楼和二楼当中的那晒台上排练，那地方本来很空旷，后来搭出半间屋子做了二楼和三楼几家人家的厨房，只有晚饭的时候才会热闹起来。

大家都心照不宣，这地方太好了，白娘娘是肯定听不到吵闹声的，而对郝阿婆家的小妹来说，就难说了。

孩子内心的气，也是需要释放的。

但谁也没说穿，毕竟，大家的注意力还是被表演小分队吸引了。

“太好了！圆圆，你就做我们的队长。”

“等排练结束了，我们一定要化好妆，一本正经去表演。”朱嫣红满心欢喜地说。

“对，对！大家都做一回猴子屁股！”大家都笑了。大家内心的渴望很一致，不仅仅是小分队和表演本身，而且还有女孩子与生俱来的那种爱美的天性，那种对口红和胭脂的爱恋！

“那是一定的，这件事情包在我身上。”圆圆说。

“可我们到哪里去弄胭脂呢？听说，要开证明才能买。”朱嫣红问。

“这个简单！我家就有，”圆圆说，“不过，要等节目排好了，正式演出时才能拿出来。而且，你们要为我保密。”

“没问题。”

有了圆圆的许诺，大家的心一下子定了下来。

圆圆不愧是进过小分队的正式队员，马上进入角色，布置起来。很快，这边，朱嫣红吊起了嗓子，旁边几个哈哈笑着，那边，圆圆已经开始朗诵了……她想得非常周到，连报幕的人都不缺。

“搞什么搞？你们这帮小孩怎么这么不太平？”才不过十分钟，终于把郝阿婆引了出来。

“我们在这里疯，白娘娘那里听不见的。”有人说。

“但这里是厨房，有很多吃的，还有火，很容易闯祸的，你们的家长难道没和你们说过吗？怎么可以在厨房玩呢？真是不懂事。”郝阿婆根本不上当。

“要不，我们去小小家吧，我看到你爸爸刚才出去了。”桑晴慧马上决定撤退。

“走吧，走吧。”大家唱着旋律上了楼梯。

后面传来郝阿婆的恐吓声：“你们少捣蛋，当心我去告状。”

小小家果然没人，移师再“战”，所有人的兴致都受到了影响，心思不再集中。

“就这样排练太单调了，要不，圆圆，你先将口红拿来看看？”又是朱嫣红的声音。

“是呀，不知道涂上口红是啥模样。”小小的心里也痒痒的。

“你们真沉不住气，好吧，你们等着，我去拿。”圆圆很大度地说，“不过你们记住，要为我保密，我妈妈知道了，肯定要骂我的。”

“当然，我们发誓！向毛主席保证，谁告诉谁是乌龟。”大家齐声说。

“小小，你，陪我一起去，好吗？”圆圆说。

三

下午三点半，1 号楼的三楼，圆圆用头颈里吊着的钥匙打开门，两个人就闪了进去。她家大人还没下班，屋子里空荡荡的。

小小的心里有点紧张，也很好奇，圆圆肯定是偷拿她妈妈的宝贝。

果然,圆圆熟门熟路地打开了五斗橱最上面的抽屉,先是翻出了一本户口簿,然后,又翻出了一个小盒子,很高兴地说:“就是这个!”

“这不是图章盒吗?拿它干吗?”小小觉得很奇怪。圆圆手里,是一个小小的黑色长方形木盒,拉开木盒上面的“门”,就可以看到一枚玉色的图章静静地躺在里面,在盒子的一边,还有一个正方形的小口,红彤彤的,堆满了盖图章用的印泥。

这东西圆圆早就拿出来炫耀过的,所以小小认识。别人家遇到邮递员拿着挂号信来敲章,都只拿得出图章,而要借用邮递员的一个圆形的印泥,只有圆圆家是个例外。

圆圆当时就夸耀说,这可是她奶奶留下来的宝贝。现在怎么变成了……

“不懂了吧?这东西就是胭脂,我以前试过,还被我妈妈骂了一顿呢。”圆圆煞有介事地说。

“真的吗?”小小半信半疑,“你不会骗我们吧?”

“怎么会,走,他们还等着呢。”圆圆说,“再带上这支口红笔!”说着,圆圆又从抽屉里变戏法似的翻出一支笔来。

“哦?”小小的脸上此时挂满了疑惑,圆圆挥一挥手,拉着小小关了房门,下了楼。

小小心里很清楚,那不过是印泥和红铅笔。但是不是一种对红色的向往深深地吸引着,跃跃欲试的感觉慢慢在她内心升腾起来。

打扮以后,镜子里的自己会不会因此变成一个美丽的女孩呢?

不一会,两个女孩已经回到了小小的家。

这一下热闹了。

"让我看看,口红是什么样子的呢?"朱嫣红一把抢过圆圆手里的黑方盒,迫不及待地打了开来。朱伟杰和微微也将头凑了上去。

盒子里,现在只有很小的一方印泥,特别显眼,朱伟杰毫不迟疑地用食指蘸了一下,顺势就涂在了微微的右脸上。

"你干什么呀!"

"别吵,别吵,一个个来。"圆圆毕竟是进过小分队的,说话的气势马上就压住了吵闹的人群。

她从朱伟杰手里拿过"胭脂",问:"谁先来?"

大家你看看我,我看看你,一下子没了声音。

也许很多人的心里都清楚,圆圆手上的东西是什么,却又从内心中违拗不了那种对红色的向往。

一会儿工夫,朱嫣红小心翼翼地说:"圆圆,这真是胭脂,你没骗人吧?那我就先来试试?"

"放心吧,我在家涂过好几次呢!"圆圆一边诚恳地说,一边就开始动手在朱嫣红的脸上画开了。

"待会儿你自己照照镜子,如果不是你们刚才这样吵着要试试,我才不舍得呢。"圆圆很兴奋地说。

朱嫣红的嘴唇被"胭脂"染红了,脸蛋也泛起了一片红晕,整个脸顿时变得生动起来。她翘着小嘴巴,生怕一不小心就吃到了"胭脂",那样子更显出一份可爱。

看着朱嫣红，大家都来了劲，很快，圆圆手中的胭脂就不够用了。

"没关系，我还有口红笔呢！"圆圆扬了扬手上的笔。

到快吃晚饭时，圆圆已经忙得满头是汗，想是被圆圆手里的红色魔住了，大家争抢着小镜子，疯笑着追逐着，忘却了表演……

从来不知道，快乐有时就这样的简单！

所有的人中，只有桑晴慧是个例外。她始终冷静地看着大家热情高涨地忙碌着，却无动于衷，这时候她站了起来，走到圆圆面前，拍了拍她的肩膀："喂，快叫她们擦掉吧，这个东西有毒的，当心皮肤发炎。"

"瞎说！哪里会有什么毒！"圆圆显出了一点尴尬。

"这又不是口红，这是印泥。你骗得过她们，骗不过我。我见过真正的口红。"桑晴慧说话的时候，用了一种相当傲慢的态度，把所有人的目光都吸引了过来，"我家就有。那是一个圆管子，呶，把上面的帽子拉开，"她比划着，"里面有一个小点点，可以上下移动，移上去时，口红就露了出来。"

"哦，"圆圆较起劲来，"我才不信呢，有本事，你拿出来给我们见识见识。"

桑晴慧刚想说些什么，陈平和小乔两个满头大汗地推门进来，陈平进门就嚷："你们都在这里啊？我和小乔找了你们好久呢。还以为你们去山洞了呢，好了，好了！我们有救了，翻天覆地啊，就在明天！明天有好戏看了，还有好东西吃呢……"他高兴地手舞足蹈，忽然，他看看小伙伴们，眼睛却瞪着小乔："喂，发生了什么事情？你们为什么一个个都像猴子屁股？”

大家面面相觑，随即都哈哈大笑起来。

“哎呀，你们先坐下，等一会再说，我们刚才说的也很重要，桑晴慧，你快说。”圆圆显然对桑晴慧的话更感兴趣。

“我，我……”桑晴慧知道思妈最讨厌她把家里的事情说出去了，心里有点紧张，“我恩娜不会让我拿出来的，她的宝贝都放在一个百宝箱里！”

“思妈有一个百宝箱？什么样子的？里面有点什么？你说呀！”朱伟杰说。

“这个……”桑晴慧心里担心起来，她知道这次自己说漏嘴了，就转向陈平，“陈平，你刚才说什么好吃的啊？”

“这个，小乔，现在可以说吗？”陈平还气喘吁吁的，但神情中流露出掩饰不住的得意，“要不，还是保密？”

“对，保密！陈平，真有你的！”微微总算有机会让别人知道自己是知情的了，“明天放学早点回来，有好事喽！”

朱伟杰却不依不饶地看着桑晴慧：“保密，什么事情都要保密，太没劲了。你再说说，百宝箱里究竟有些什么宝贝啊？”

“没，没什么啊！”桑晴慧躲闪着。

就在这时，小小的爸爸转动了门锁，所有的人都站了起来。

“小小，小乔，你爸爸回来了，我们回家吃饭喽。”

这是一个信号，太阳已经不见了，落霞映在天边上，确实不早了。

于是，一哄而散，没有谁擦一擦脸上的胭脂，就都顾自回家了。

四

一到晚上，隔壁郝阿婆家的人不知道从什么地方都跑了出来，特别是像现在这样的夏天晚上，让小小一家都有点不耐烦起来。

三楼的厕所只有一个，夏天热，总要冲一下才可以休息。而三楼的自来水却很小，还常常断水，要等二楼的人都洗刷了，水才会上到三楼来，偏偏到那个时候，郝阿婆家的人又要一个接一个地钻进厕所。小小一家为这个很苦恼，却无可奈何。

想不出办法，一家人就只能坐在阳台上看星星，聊家常。

“爸爸，郝阿婆说要帮祝老师介绍女朋友呢。”白天发生了些什么事情，现在是最好的交流时间。

“妈妈，今天桑晴慧说思妈有一个百宝箱，什么是百宝箱啊?”小小忽然问。

“不知道，你少打听，怎么从来不听你们说读书的事情，全是弄堂里的一些家长里短，再这样下去，变成小市民啦。”爸爸咕哝着。

“妈妈，明天给我一个空的饼干听，我有用。”小乔说。

有几只蜜蜂在耳边飞着，妈妈就会抱怨几句：“估计全上海也不会有第二个人把蜜蜂当宠物的了，你爸爸实在古怪啊!”

“不是很好嘛，到秋天就可以吃到蜂蜜了。”小乔抢白说。

和小小他们一起在阳台上的，还有爸爸从乡下搬来的两箱蜜蜂。它们就蹲在阳台的角落，时而会传来嗡嗡的声音。

隔壁的厕所还在进进出出，妈妈上了一天的班，已经忍不住打呵欠了，小小却有点喜欢这样的晚上时光，等到他们可以走进厕所的时候，时针已经走到11点了，真的很晚了。

经常，越是睡得晚，越不容易入睡。

关灯了，安静了，只能听到闹钟的滴答声了，但小小还是怎么都睡不着。

小小觉得自己将来会是个有心思的女生。

她想起今天白天的很多事情，弄堂小分队看来还没成立就会夭折了，不过，没问题，圆圆一定会想出新的玩法的；明天一定是有趣的一天，可以看到郝阿婆为祝老师新介绍的女朋友，哈，这一定超级好玩，还有，小乔和陈平他们捣腾的那个就更有意思了……

想到明天，她的心里充满了期待。

三、多好的事情啊，想起来就叫人开心，而小乔他们想要的，还有原来他们要捂着耳朵躲得远远的那一声铿锵有力的“嘭”的声音！

一

第二天来得很慢，或许是大家心里都在盼望着吧，时间就显得特别吝啬。

终于放学了。

终于到家了。

那个小小和小乔盼望的时间，终于要来临了。

走进安静的弄堂，小小和小乔特别兴奋，想到呆会儿的热闹，心里就像怀揣着一个兔子一般突突突跳。

他们三步并作两步跑上三楼家里放下了书包，功课都不做了，急着做了些下楼的准备，只见小乔一挥手，小小会意地朝他点点头，两个人就用最轻的声音关了房门，蹑手蹑脚往楼下走，郝阿婆还是横在那个拐弯处，看到他们下来，眼睛都懒得张开，嘴巴里却咕哝道："人家要做夜班的，不要去弄堂里疯。"

小小和小乔都没有出声，小小朝小乔挤了下眼睛，彼此笑了一下，可以肯定，郝阿婆根本没注意到，小乔的口袋里，装了满满一口袋的大米。

虽然昨天小乔和陈平他们信誓旦旦要保密的，但晚上小乔还是忍不住把这个秘密告诉了姐姐。

他想，姐姐又不是外人，一定会保密的。再说，终于找到一个绝妙的办法来对付那个讨厌的老太婆了，他当然很想早点让姐姐和自己一起分享这一份快乐。

想到待会儿郝阿婆可能有的表情，小小和小乔的心里就笑眯眯的。

这是多好的事情啊！

可以弄得弄堂不太平，可以让郝阿婆无可奈何，最重要的是，附带着还可以吃到香喷喷的爆米花呢！

孩子就是孩子，昨天还刚刚为可以成立弄堂小分队兴奋，不过一个晚上，兴奋点就转移了。现在，他们全部的注意力都在爆米花这件事情上了。

陈平的一个姨娘是爆米花的，经常在各条弄堂里穿梭，陈平费了很多口舌，终于和她说妥了！陈平告诉姨娘，弄堂里的小朋友都喜欢吃她爆的米花，姨娘自然很高兴地应允了。并且说好了今天就来。

可以吃到爆米花，当然也是小乔和陈平他们求之不得的事情，而这一次，他们更想要的，是可以在这条已经安静了好几个星期的弄堂里制造出来的那一声声犹如轰隆的雷声一般让人心惊的"彭""彭"声，那可是他们原来要闭起眼睛捂着耳朵躲到很远地方去避免被吓到的"噪音"啊！

这下有郝阿婆好看的了。

所有的小朋友都在弄堂里集合了，就缺了微微一个。

微微没下楼，也是整个计划的一个重要部分。

他是奉命等在家里，到时候吵着要郝阿婆下来帮他爆米花的，老太太最宝贝这个外孙了，肯定会答应他的，然后，哈哈，哼！看你这个老太婆接下去该怎么办。

一想到这些，小小他们就觉得好笑，太可爱了，哪里去找这样美妙的计划啊！

大家这会儿就站在弄堂正中的一口井边上，谈论着关于井水的种种好处。

井盖关着，还上了锁，钥匙在思妈手上。

夏天的时候，井里的水很凉，特别派用场，可以冰西瓜，还可以冲脚，要多舒服有多舒服啊。

可要拿到开井盖的钥匙却不简单，得看桑晴慧的脸色了。人与人的组合真的很有意思，不声不响的桑晴慧，却可以在这件事情上出奇制胜。

谁也想不明白，为什么看起来一点没用的思妈，偏偏掌管着这弄堂里唯一一口井的钥匙呢？这对小伙伴们来说，是一个谜。

不过话说回来，幸好思妈管着钥匙，比起蛮不讲理的郝阿婆来，思妈要好说话的多！

虽然嘴上在说着井水的事情，但小乔的眼睛一直瞄着门口，他口袋里的米一直不安分地想跳出来，像是知道马上就可以变成爆米花一般。

“都去了这么久了，陈平他姨娘也该来了呀。”小乔忍不住说。

“别是骗我们的哦！”有人附和着。

真是说曹操，曹操就到。

还没来得及等小乔反驳，弄堂的那扇绿色大门被“吱呀”一声推开了一点。

接着，从门口闪进一个身影来，那小小的身影正是陈平，他用手挥舞着，给小乔发信号：“快来帮我开门。来了，来了。”

一眨眼的工夫，一辆爆米花的小车随即“格吱”“格吱”推进门来。

推小车的老太太脸晒得黑黝黝的，像是被那烟火熏过一般，一副饱经风霜的样子。

她看到弄堂里那么多的小朋友，满脸的皱纹马上舒展开来了，她拍拍陈平的头，开心地说：“不错，不错，你的朋友还真不少。来，来，来，大家排一下队，我动作很快的。”一边说着，一边在弄堂的正中央停了下来，摊开一张小椅子坐下，开始摆弄起那些家什来。

“真的来了？朱伟杰，你快排队，我回家去拿饼干筒和年糕片。”朱嫣红说着就急匆匆地走了。

朱伟杰从井台上一跃，跳到了已经成形的队伍最前面，“老子天下第一，你们往后让一让啊。”

原本排在最前面的小乔，被他这么一推，口袋里的米撒了一地，他生气地嚷了起来：“你搞什么搞？事情还没有弄清楚，就知道抢第一？瞎捣蛋！排到后面去，去去去！”

“就是嘛，我们等到现在，凭什么你排第一。你姐姐连东西都没拿来呢，来，把他轰到最后面去。”圆圆最爱打抱不平。

“一二三，轧死老娘有饭吃！”弄堂里顿时乱作一团，大家拿出平时下课挤厕所的力气来，弄堂里的喧闹声顷刻一浪高过一浪。

老太太一边笑嘻嘻地劝阻着，一边已经安心地坐下来。

爆米花的机器已经安顿好了，“很快的，不用抢，不用抢，马上就可以开始了。”

这真是小小童年记忆中的一抹最亮的亮色。

这机器实在是奥妙无穷啊，看上去黑不溜秋的，并不起眼，可为什么一粒粒小小的米，在这铁罐中转过，然后只要“嘭”的一声，就会变成香喷喷的炒米花呢？体积大了好几倍不说，还特别的喷香好吃，这其中奥妙，实在让小小他们捉摸不透。

小小曾经拿这个问题问过爸爸，爸爸想了好一会儿，说，也许那是一种难得的爆发力吧，忍耐到了一定程度，就会突然爆发出一种能量！

小小似懂非懂。

老婆婆已经开始往铁罐里倒米了，小小兴奋地在一边仔细观察，只见她先倒了一点油，然后是米和一片小药片，陈平在一边解释说，这药片就是糖精，炒米花就有了甜味。接着，老太太关了铁罐的“门”，将铁罐倒放下来，开始拉起风箱来，她的动作很麻利，右手前后摆动，不紧不慢地拉动着风箱，左手则顺时针方向摇着那只黑色铁罐球的柄，炭炉里的火烧得红红的，听得见铁球里的东西在噼啪噼啪地响。

“爆了，爆了！爆米花好啦！”所有的人都在欢呼。

小乔不住地朝三楼的阳台上看，怎么还没动静？

按理说，弄堂里这么吵，郝阿婆应该早听到了。

她是怎么了？这么有耐心？为什么还没有声音？

真想上去看看！

二

其实，就在小乔和朱伟杰他们发生争执的时候，郝阿婆已经在阳台上，眯起眼睛朝下侦察过了，嘴巴里还在咕哝着：“这帮小孩子，又在搞什么名堂，真是不识抬举。”

也就在这紧要关头，微微不失时机地跑到阳台上朝下一边张望，一边告诉外婆：“外婆，那是人家来弄堂爆米花的声音。”

“什么？”

看来郝阿婆眼睛花了，看不清楚，微微又重复了一遍：“外婆，那是有人在弄堂里爆米花呢。”

“外婆，我也想吃爆米花。”微微接下来按照陈平他们吩咐的，顺理成章地提出了自己的要求。

那实在可以说是微微的一句真心话，根本不用多思考就滑到了嘴边。

真的有好久没吃到炒米花了，多么香喷喷的东西啊。

“好，你只要听话，好好跟着祝老师补课，外婆这就给你去爆。”如果这话给小乔陈平他们听到，他们一定会气得当场晕过去。

现在不怕吵了，不来赶这个老太婆走了吗？

难道她这么快就忘了白娘娘做夜班需要休息那档子事情了吗？

这边，郝阿婆打开米缸开始舀米：“我要快去快回，今天还要给人家祝老师介绍女朋友呢！”她拿好家什，又关照微微赶快把功课做完，然后迈开脚步下楼去了。

那边，第一炉的爆米花快要出炉了，只剩下最后一个步骤了，只见老太太已经将铁球移到了一边，打开了铁球上面的盖子，将一只黄色的麻袋套在了铁罐的口子上，然后用脚踩住了麻袋……

小朋友们赶快都闪到了一边，纷纷捂住了耳朵。

最令人兴奋的时刻就要来了。

随着老太太的手一动，“轰！！”

犹如平地一声炸雷，真是比放大炮仗还刺激！

即使捂着耳朵，小小也感觉得到声音像是钻进了她的心里，鼓捣得她的心脏“扑通，扑通”乱跳。

随即，一颗颗白花花的饱满的爆米花就好像要从麻袋里跳将出来一样，喷香的味道也充满了整个弄堂，有几只蜜蜂似乎也闻到了这香甜的滋味，赶着热闹飞来了。

郝阿婆还没有出现!

从1号楼却走出来另一个人。

“喂,爆米花的,你怎么随便就进人家的弄堂啊?赶快离开这里,真是吵死人了!这里有人做夜班要睡觉,怕吵!”说话的居然是1号楼底楼的思妈。

真是活见鬼!思妈说话的神态,好像整个弄堂都是她家私有的,别人连踏进来的权利也没有似的。

老太太已经开始第二个回合了,她继续着手上的动作,那种娴熟和连贯让人看着舒服,她抬眼笑着回应思妈说:“小家伙们爱吃,我才来的。呀,你看,我不知道这弄堂里的规矩,这一桶爆好,我马上就走!很快的,很快的哦!”

“这不行,马上就要轮到我了,你不能走。我们家也要吃炒米花的。”朱伟杰这下又找到说话的机会了。

“是呀,不能走,不能走!”小伙伴们跟着起哄起来。

“就是,别走,别走!这不,我小外孙也想吃呢!”一个洪亮的声音插进了起哄声中,是郝阿婆,她拿着一个大竹篮和一罐大米,眼睛眯成了一条缝,大声叫嚷着挤到了人群当中。

重要人物终于出场了,可第一句台词就让小伙伴们一个个面面相觑,他们你看看我,我看看你,顿时没了声音。

弄堂里即可安静得可以清晰地听到“咯吱”的拉风箱声和铁罐里的大米“滋滋”的爆裂声。

郝阿婆转身对已经闪到一边不做声的思妈说:“思妈,你看,人家也难得来,又是为我们做好事,我看就让她爆下去吧!”

“这声音多烦人！我听着心里就来火。这弄堂以前多安静啊！”思妈嘀咕了一句。

“就是，就是，不过，炒米花的味道不错，我也好久没吃了。思妈，你也回家拿点米来，叫小家伙们让一让，你先爆？”郝阿婆笑眯眯地说。

“这东西不卫生，我才不吃呢！”思妈说完悻悻地走了。

郝阿婆显然根本没有觉察到陈平他们的用意，看问题解决了，就顾自和老太婆搭讪起来。

她一边跟老太太搭讪着，一边对已经排在第一的朱伟杰说：“你反正没什么事，我还有很多事情要做，这一桶结束，就让我先爆了。”

“为什么啊？我也要回家去做作业的。”

“我的事情比你重要多了，你们不知道，我今天要做红娘呢，人家小姑娘马上要来了，好了，快点让我先爆！”

红娘？小小马上想到了祝老师。

就在这时候，老太婆站直了身子，第二声爆炸就要爆发了！

大家又一次闪到了一边。

“看这帮小孩子，好东西要吃的，听到这点声音，就这副鬼模样了。”郝阿婆点着作散开状的孩子和陈平的姨娘说。

“可是，郝阿婆，这声音多响啊，比我们跳橡皮筋时发出的声音要吵多了，白娘娘的休息怎么办？”圆圆终于忍不住挑明了说。

大家像是一下子醒了过来，耳朵也不捂了，纷纷围拢过来，都将眼睛盯着郝阿婆，就是呀，就是呀！早几天你还说过的话，难道

现在你能收回吗？

哈哈，看你怎么回答！

“谁说白娘娘在睡觉的，她呀，在给我小外孙女赶织一件绒线衫呢。这两天怕是睡不成了。没关系，没关系，你别理睬这些小囡，放心爆吧！”郝阿婆笑嘻嘻地说，完全忘了就在刚才，她还在楼梯的转弯处和小小他们说过的话。

这变化也太快了点，而且听上去顺理成章。

“彭！”平地又起了一声轰雷。

这下轮到所有的小伙伴傻眼了。

这个老太婆实在太牛了点，也许大家心里都在这样嘀咕着吧。

郝阿婆呢，挪着步子，理所当然地插了队，成了第一，然后，嘻嘻哈哈地就将大米变成了白花花香甜的炒米花。

郝阿婆是不会输的。她永远有理。那一刹那，这念头那么顽强那么固执地烙在了小小的心里。

“呀，祝老师，回来得早啊。你快上去准备一下，人家小姑娘马上就来了。”郝阿婆挎着篮子，正准备离开时，眼睛瞥见了正低着头从大门口走进来的祝老师。

“郝大姐，我不是说了不用嘛，谢谢你！谢谢，谢谢，可学校里还有事情，我回来拿了东西马上还要去学校的。”

小小听着门口这一老一少两个的对话，已经知道他们在说什么了。

“这怎么可以啊，有什么事情，你让晓橘跑一趟吧，走，走，你和我一起上去。街坊邻居的，这事情我不管谁管，你不用难为情的。”

“可我，我……”小小装做什么都不知道，却拿眼睛乜祝老师，这会，他的样子可以用一个词来形容“腼腆”。

“你告诉我，是不是有女朋友了？”

“没有，没有。”祝老师马上说。

“那就是了，你看，4点这不马上就到了嘛！”

两个人说着渐渐离开了小小的视线。小小心里却开始为祝老师担心，在她眼里，只要郝阿婆掺合的事情，多半好不到哪里去。

小小很想跟着郝阿婆上去看个究竟，但却没敢挪动步子。等看到郝阿婆欢快地挪着步子，拉着祝老师走进2号楼大门时，小小心里还在想，祝老师，真的会交上那个文静的女孩子做他的女朋友吗？

太阳下山的时候，弄堂里几乎每家人家的饼干筒里，都装满了松松脆脆的白色炒米花，长长弄堂的水泥地上，也洒满了随风轻飘的炒米花。

有趣的是，这件事情之后，小小他们又可以在弄堂里疯玩了，郝阿婆不是说白娘娘在帮她外孙女织绒线衫嘛！那么，弄堂吵一点当然就没关系了。

也许世界上的事情就这么奇怪，输赢并不是表面看到的那样的，小乔、陈平他们的得意自不必说。而小小却是对祝老师更佩服了，果然像祝老师说的那样，不出三天，弄堂里的事情就变化了。

难道，真的有个老天爷，在看着他们，帮着他们吗？

三

转眼，暑假就过去一半了。

那时候，暑假作业很少，也根本没有现在这么多的补习班，反正只要把暑假作业做了，大人们才懒得管他们呢。所以暑假真的可以说是孩子们的天堂，只要你想得出玩法，可以爱怎么折腾就怎么折腾。

可是，就在这个看上去悠闲的暑假里，小小却有麻烦了！

那天早上，醒来的时候，小小觉得眼睛一点也睁不开，揉了半天依然无济于事。弟弟在旁边笑开了："哇，姐姐，你怎么没有鼻子了？"

小小情急之下冲到镜子前，一看，天哪！她的整个脸变成了一个平面！

眼睛肿了，吊了起来，鼻梁已经看不到了。怎么回事情啊？

她哭丧着脸去找妈妈寻找答案。

妈妈看了也忍不住笑起来："我的宝贝女儿变成丑八怪了。是什么蚊子那么厉害啊？看来得好几天才能消肿了，去涂点风油精吧。"

还是爸爸解开了这个谜："才不是什么蚊子呢，估计是蜜蜂造的孽，刺在了小小的鼻梁中间了。"

夏天到了，夜里的日光灯上总会有几只觅着灯光寻来的蜜蜂在不停地飞舞，赶也赶不走！

那时，小小和小乔睡在地上。

想来一定是关了灯以后，有一只蜜蜂迷失了方向掉到了地上，或许是睡得太熟了，小小甚至没有感觉到蜜蜂刺时的那种疼痛。

到了中午，小小的整个脸更是肿得厉害，像个发酵得很好的馒头。妈妈急得和爸爸吵了起来："你那些东西可以别养了吧！看看你的宝贝女儿变成什么样子了？"

爸爸却不以为然，他说："过几天就好了，蜂刺有很多功效，可以治病。也算是不幸中的大幸吧！"说着还拿出几本书给妈妈看。

妈妈不看书，仍然坚持要爸爸将那两箱蜂搬回到乡下去。

小小也很生气，自己变成了这副模样，爸爸一点也不安慰，还净说怪话。"除非你拿蜂蜜来补偿！"小小说。

最后，爸爸只好答应妈妈，等秋天收了第一次蜜后就把蜜蜂送人。

说起来，也蛮好玩的。

那时，小小的爸爸常到乡下去写东西，于是认识了一些带着蜜蜂到那里采油菜花蜜的养蜂人，不知不觉迷上了蜜蜂。就说想在上海家里的阳台上养蜂，那些养蜂人说，城里花太少，蜜蜂采不到蜜，会饿死的。但爸爸不信，他说："我家附近的肇嘉浜就有许多花草，应该够他们生活的。"养蜂人笑爸爸毕竟是读书人，只会说大道理。

"我只当做爱好，它们只要自给自足就行了。"爸爸坚持说。

"哦，那倒是新鲜事，我们给你两箱蜂，你去试试？"半是打赌，半是兴趣，暑假开始的时候，小小的爸爸就真的搬回了两箱蜂。

这真是件稀奇的事情，在上海这样一个地方，养狗养猫的人很

多，围几只鸡养养也是常有的事情，但有谁看到过把蜜蜂当宠物的？

小小和小乔自然很兴奋，正处在好奇的年龄，如今自家的阳台上多了这么稀罕的宠物，这下可有资本炫耀了。

蜜蜂搬来的那天，小小的小伙伴都很好奇地在一边张望，郝阿婆也好奇地抱着小妹挤在一边问："小小爸爸，这东西有什么好玩啊？"

小小爸爸特别紧张，赶紧用手挡住郝阿婆："当心你家小毛头啊，蜜蜂有刺的！"

"会伤人的？那可不能在弄堂里养啊。"郝阿婆立即说。

"可蜜蜂会酿蜂蜜，那东西可甜了，连大狗熊也喜欢吃。"不知哪个在一旁提醒郝阿婆，"到时候，我们弄堂里的人就可以吃到蜂蜜了。"

"小小爸爸，这是真的吗？"

"理论上说，是有可能的。"

大家的心里都痒丝丝的，似乎已经舔到了蜂蜜的甜味。

"就是，我们可要等着吃蜂蜜的。"朱伟杰说。

"好，你们现在先散开，被蜜蜂刺一下可不是好玩的。"小小爸爸说，"等我摸熟了蜜蜂的脾气，再带你们参观。"

他自己呢，拿出一顶很奇怪的草帽，帽子的边沿垂下一圈黑色的网纱，一直拖到两个肩膀那里，可以将整个脸都罩住。

"看，这东西像不像阿拉伯女人戴的那种面纱。"圆圆问，"要戴这东西到阳台上去吗？"

“嗯，蜜蜂是会刺人的，所以一旦‘侵犯’它的领地，就一定要全副武装。”小小爸爸笑着回答，然后他戴上帽子，把小小的小伙伴都留在屋子里，关上阳台的门，独自一人去翻开蜂箱的盖子，探索里面的秘密。

这情形很诱人。小小他们曾经一起讨论过，却怎么也想不出蜜蜂是怎么生产出蜂蜜的。蜂箱里有一个大桶呢，还是有什么高级的机器设备？怎么能将花朵上看都看不见的花粉变成蜂蜜呢？

大家就拿这个问题问小小的爸爸，他笑着翻出一块备用的蜂窝板告诉大家，蜜蜂是将那些花粉变成蜂蜜储存在这一个个六角形的蜂窝里。然后用蜡封好，准备冬天吃。

“那我们什么时候可以抽蜜呢？”有人好奇地问。

“城市里花草少，也许收不到多少蜜，再说它自己冬天也要吃的。”

“不行，你一定要弄点蜂蜜出来。”小小和小乔大嚷起来。

“就是，就是。”大家附和着。

“到秋天时再说吧！”爸爸敷衍着。

四

可现在呢，夏天才刚刚开始，蜜蜂就惹出了这么大的麻烦。小小不敢下楼去献丑，只能不停地在镜子前打量自己，希望自己的脸能快快消肿，快快恢复原样。

想不到的是，在这条弄堂里，遭殃的还不止小小一个，中午的时候，圆圆和朱嫣红上来看小小，还带来了一个坏消息。

“疼不疼?”朱嫣红问,“蜜蜂这样可怕,我爸爸的腿上也肿起来了。快叫你爸爸放弃吧。否则要出事情的。”

“还好,和蚊子咬差不多,有点痒,但我爸爸说,这东西的刺对身体有很多好处的。”小小装出满不在乎的样子说。

“真的吗? 你不知道,为我爸爸的腿,我爸爸和我妈妈吵得好厉害啊。”朱嫣红说。

“为什么?”

“我爸爸的脚和你的脸一样,肿得像发酵的馒头一样,好高好高……”朱嫣红说到这里,居然笑了起来。

“小小的脸可不像馒头,像大饼。”圆圆说。

“那你爸爸,他要紧吗?”小小问。

“不知道,他早上去看过医生了。”

正说着,朱师傅一拐一拐上来了。他是公交公司的驾驶员,平时很早就要去上班,难得一见。

“呀,爸爸,你怎么上来了?”朱嫣红叫了起来。

“这东西够厉害的。”朱师傅伸出左脚给爸爸看,小小也吓了一跳,那脚真的肿得比馒头还高了,“害得我今天上班也没去。还去医院跑了一趟。”

爸爸显然有点诚惶诚恐起来。对待自己的女儿,可以敷衍过去,可邻居这个样子找上门来,真让他难堪。

“真对不起,朱师傅……”

“我不是要怪你,但是,我这样休息在家是要扣工资的! 还要被老婆数落。”

爸爸马上听出了话中之话，赶紧从口袋里掏出20元钱："要不，你买点营养品补补！"20元钱，在当时可不是一笔小数目了。

朱师傅马上变了副笑脸，索性在小小家的沙发上坐下，开始和爸爸谈起蜜蜂来了。

"听说这东西能治关节炎，如果我的关节炎有好转，我以后还要来谢谢你呢！你不知道，我今天早上在医院，把医生吓了一大跳，马上给我开了3天的病假。"

"明天就会消肿的，这蜂刺，从国外的很多书上的报道看，确实有许多功效，不过，让你挨刺，我还是觉得不好意思，我自己是刺惯了，现在被刺一下，已经没什么反应了。"爸爸搭讪道。

"明天消了就没事情了，如果老不好，我可要再来找你啊。"朱师傅半开玩笑半当真地说。

小小坐在旁边，看到有人和她同病相怜，情绪好了不少。

这时，门口的钥匙转动了一下，又有人来了。

进来的是郝阿婆。

"小小爸爸，这是大家的共同要求。"她手上拿一张纸，"这东西会刺人，哟，朱师傅也在。你自己看看，他的脚，还有小小的样子。太可怕了。邻居们商量下来，希望你赶紧把蜜蜂送走。否则，可别说我这个小组长不近人情。"

"没事，没事！"朱师傅笑着说。

"怎么没事？刚才你家那位还在我这里抱怨呢。这种事情，只有我出面来管了。"郝阿婆振振有辞，嗓门也拔高了。

"这个，好说，好说，我会考虑的。"爸爸犹豫地点着头。

“可你答应过等到了秋天给我们吃蜂蜜再送人的，大人说话不可以不算数。”圆圆抢白道。

“就是，就是！爸爸，你不是在家里说，没什么事情吗？”朱嫣红也着急了。

“大人的事情，你们这些小毛孩不要管。”郝阿婆打断道。

小小的心中“咯噔”一下，她知道郝阿婆是不会输的，可即便被蜜蜂蜇了，她和小伙伴们的心情是一样的，心里仍然充满了期待，等着收获吃蜂蜜呢！

至少要把这些蜜蜂养到秋天酿了蜂蜜过后吧。

怎么办？爸爸的个性他最清楚了，他宁愿放弃嗜好，也不会对郝阿婆说几句好听的。那么，有谁可以和郝阿婆说上话呢，小小灵机一动，想到了一个人。

整个弄堂里，郝阿婆最听这个人的话：祝老师！

何不找他想想办法！这个慈眉善目的男人，一定肯帮自己的！

四、八月的台风来了，蔬菜少了，谁都不会想到，就是这些蔬菜，救了蜜蜂，却又惹出了新的麻烦，让小小猛然间明白了世事难料。

一

第二天中午饭吃好后，小小决定去祝老师那里，终于又有个理由去二楼了。

这事情可不能拖，爸爸已经在安排了。

否则，等爸爸把蜜蜂送掉就来不及了。小小也不顾自己形象难看，他约了圆圆一起，带上了一本养蜂手册，敲响了二楼祝老师家的房门。

微微也在！

祝老师正在帮他补习功课呢。

看到微微，小小更觉得自己找对了人。你想呀，郝阿婆对做老师的一向特别尊敬，特别是祝老师，他还担任了微微的免费家庭老师呢。

在小小那个年代，请家教并不普及，可以说相当少，用家教来贴补家用根本就没流行。祝老师是因为郝阿婆的一再请求才答应在暑假帮微微补补数学的，当然，他声明一分不收，完全免费。

因为这个原因，祝老师一直就是郝阿婆嘴边的一个好人。

其实根本不用郝阿婆说祝老师的好话，祝老师像是一个介于大人和孩子之间的角色，或者因为他是老师，比较懂得孩子们的心理。反正，弄堂里，大大小小的孩子，本来就都很喜欢他。

自从祝老师做了微微的家庭老师后，有一段时间，小小他们想在弄堂疯玩的时候，不但会叫上微微，还会顺带将祝老师做挡箭牌。比方说，他们会对郝阿婆说，祝老师说，功课做好了，是该放松一下的，那叫劳逸结合！

或者，他们告诉郝阿婆说，祝老师教我们一样新的游戏，对开发智力有好处，叫我们带微微一起多玩玩。

这方法多半能奏效。

祝老师知道了，就说，其实别看你们还都是小孩子，居然也学会了用什么武器对付什么人了。

走进祝老师家的那一刹那，小小的眼睛一亮，奇怪，他家的布置并没有什么变化，怎么就感觉房间比以前干净，亮堂起来了呢？

“哦？今天这么有空？带着伤来我这里，肯定有什么事情吧！你们先坐一会，我马上就好。”祝老师指指旁边的床沿说。

小小这才注意到，除了微微，祝老师家还有一个小客人，就是住在祝老师对门的晓橘，她安静地坐在那里看书，对眼前发生的一切好像根本不在意。

难道是她为祝老师打扫了房间？

小小看看晓橘，看她安静地埋头看书，似乎全然不关心这里发生了些什么。她的那种安静和专注，甚至让小小有点妒忌，小小知道，晓橘的爸爸妈妈都去了外地，偏偏把她一个人留在上海。理由是上海的教育质量是全国最好的，为了不影响孩子读书，她父母就将晓橘托付给了祝老师，所以，晓橘一直跟在祝老师身边，是他教的班级里的一名学生。

大概已经快一年了，祝老师担当起了晓橘的监护人，管她的学习，也管她的生活起居。俨然像晓橘的长辈。晓橘呢，虽然比小小他们大不了两岁，却从来不在弄堂里出现，不和伙伴们一起玩，也不和他们啰嗦什么，似乎他们还都是小孩，而她已经是大人了。

也许，父母的远离让她一夜之间长大了，她毕竟感觉到自己和别的孩子的不一样。只有在小小她们过分顽皮的时候，大人才会想到拿晓橘出来说事，而大多数时候，晓橘几乎在这条弄堂里消失一般没有任何声响。

当然，大家都夸祝老师不简单，承担教育孩子的责任不是件容易的事情啊。

这房子现在一下子容纳了5个人，显得有些局促起来，可一旦安静下来，马上可以感受到房间里那种温馨可人的气氛，祝老师的课真是精彩，不由得你不佩服！

小小几乎忘了她为什么而来，很快沉浸在那种氛围中。像微微这样的笨蛋，在祝老师这里，也会频频点头。

课终于结束了。微微将课本收起来，然后笑嘻嘻地问小小："我外婆是不是很烦啊？她好像召集了很多人要你爸爸送走蜜蜂，那样的话，我们就吃不到蜂蜜的吧？"

"就是，这老太婆总是和我们作对。"圆圆说。

"你们呀，"祝老师摇着头感叹了一句，然后，他拍了拍还在埋头看书的晓橘，"看来我们的安排要拖延一下了。"

晓橘只是摇着头微微一笑，就将头又埋到了书本里。

小小看看晓橘："你们有事？"

"哦，我们要去对面图书馆还书的，不过，看这鬼天气，我们可以晚点去的。"屋外，天阴沉下来了，雷雨马上要来了，上海的8月，台风和雷雨常常不请自到，很肆虐的。

"祝老师，是这样的，你可能不知道，蜜蜂确实是一种非常可爱的小动物，不信你自己看，它勤劳，而且它浑身都是宝，可以给我们治病，还能美容，说不定郝阿婆喝了蜂蜜，用了蜂胶，会年轻很多岁呢。"小小不再客气，一口气说完了这么多话，自己也觉得吃惊。

祝老师笑了："你究竟想说什么？要我也和你爸爸一样养蜜蜂

呢，还是要郝阿婆喜欢蜂蜜呢？”

“才不是呢。郝阿婆不让我爸爸养蜜蜂了，她说要我爸爸把蜜蜂送掉，你知道，她要做什么都可以做到的，我想，我想请你去跟她说说。”

“找我？原来请我去当说客，喏，这个……”祝老师迟疑了一会儿，接着说，“为什么会想到我呢？你们可以找微微代劳呀。”

“小孩子说话没用的。她很听你的话的。”圆圆在一旁说。

“就是，我外婆最相信你了！你说我不笨，她高兴死了，她觉得你说的东西都是对的。祝老师，你去说说吧，小小说，如果这些蜜蜂可以养到秋天，我们整个弄堂的人都可以吃到蜜糖了。”

“你们不知道，我爸爸已经打电话和乡下的杨叔叔说了，要把蜜蜂全都送给他呢。”小小焦急地补充道。

祝老师拿起小小带去的那本蜜蜂书，翻了翻，笑了。

“你们呀，一直拿我当挡箭牌用，我不说你们已经很不错了。现在居然想叫我做说客。真的以为我说什么都管用。”他顿了顿，像是在想办法，又像是下定了决心说，“这种婆婆妈妈的事情，让我一个男的开口，一点不权威的，再说，我生平最鄙夷用个人的长处去对付别人的短处。这和我的原则相悖啊！”

晓橘抬起头，看了看祝老师，又低下了头。

“可是，郝阿婆最佩服你了，她谁也不听，就听你的。”圆圆说。

“小孩子就是武断。怎么可能？这是为了微微，我心里最清楚了。很快就会过去的。”祝老师继续说，“这样吧，我帮你们出个主意，像这样的事情，你们不如去请白娘娘帮忙，这是女人之间拉家常时说说的事情。再说了，郝阿婆最近和她蛮谈得来的。”

"这个你也知道？祝老师你好厉害。"微微在一旁说，"白娘娘最近帮我家的小妹妹织了很多小衣服，我外婆开心死了，一直说她好。"

祝老师的脸忽然红了。

"白娘娘？我们才不要找她呢！她和你不一样，她骗过我们，她才不会帮我们呢。"圆圆说。

"哦？据我的观察，白娘娘她，她人挺不错的。你们自己看着办吧。反正这事情呀，我可帮不上。"然后他站起来，看了看手表，对晓橘说，"看来我们要走了。"

大家都站了起来，和祝老师一起走出了家门。

看着祝老师和晓橘肩并肩离开的背影，不知为什么，小小心里有点不舒服，她说不出为什么，似乎，她心里希望，那个和祝老师一起并肩走出弄堂的女孩，如果是她，该多好啊！

要不要再去找白娘娘呢？小小和圆圆拿不定主意，虽然后来圆圆和白娘娘也有过几次对话，可毕竟不像和祝老师那么随便。

但这是祝老师推荐的人选啊。小小和圆圆拿不定主意。

"要不我们去试一下？"

二

转眼，八月的台风季节到了。

上海夏天的台风，威风得很。

这次也不例外，一连几天风雨交加，整个弄堂就跟着遭殃了，地上的水，积起了半尺高。刚开始的时候，小伙伴们还赤着脚在水里嬉戏，可是后来，树倒了，电线杆歪了，雷雨、闪电乱作一团！

大家吓得都躲在家里不敢出来了。

电台的新闻里说，这次台风造成了很大的损失。雷雨让城市里许多人家的屋子都泡在了水里，农村的蔬菜无法运到城里，已经使得菜场的菜源告急，未来几天，蔬菜将面临进一步的短缺！

蜜蜂是不是送走的事情，因为这突如其来的台风被搁置了，还没有个结果。

算是老天帮忙，大家都将注意力集中到了这倒霉的天气上，弄堂里，常常听到下班回家的大人的抱怨声，车子挤了，菜买不到了，路难走啊，大家的心情都变得很糟糕！

蜜蜂可能也受这鬼天气的影响，无声无息地躲在它的小房子里不出来了。

小小安静地躲在房间里看书，那天祝老师和晓橘子离开的背影一直显现在她眼前，她忽然觉得，也许，像晓橘那样，多看点书是比在弄堂里疯玩更有意义的事情，她的眼前一直飘浮着晓橘安静地坐在那里全然不顾地埋在书里的情景。

这是不是就是祝老师说的更多一点的玩法呢？

正看得起劲，一阵敲门声打断了小小的思路，这样的鬼天气，谁会上门！

打开门一看，原来是爸爸的养蜂朋友杨叔叔。

小小的心里顿时乱了方寸，爸爸给杨叔叔打电话她是知道的，难道这么快，杨叔叔就来搬蜜蜂了？

只见杨叔叔全身上下都湿透了，身上背着一大麻袋东西，脸上不知道是雨水还是汗水，看来那麻袋里的东西分量可不轻。

爸爸看到杨叔叔，显然很高兴，但也不解地看着他身上的麻袋。

“快坐，块坐，小小，去拿条干毛巾来。什么风把你吹来了？这鬼天气，你来一趟可真不容易啊！”

“是呀，是呀，路不好走，花了蛮多时间啊。我听广播说，你们快没蔬菜吃了，所以带点我们自留地种的青菜来，也不是什么好东西。不过新鲜倒是很新鲜的，今天早上刚摘下的。”杨叔叔指指身后的麻袋说。

爸爸感激地看着杨叔叔：“呀，这是好东西啊，真是太谢谢啦！谢谢，谢谢。”

小小赶忙递上毛巾，又拿了茶杯，为杨叔叔倒茶去了。

雪中送炭！老师说过，在别人最需要的时候，送来的帮助就可以用这个成语，小小现在感受到了。小小后来很多次眼前会浮现杨叔叔背着一大麻袋蔬菜湿淋淋地走进她家的情景，这让她体会到了真情的不易。爸爸后来常常会拿杨叔叔的为人教育小小他们，虽然杨叔叔只是个老实巴交的农民，却有着天地间最纯朴最善良的心肠和品德。

爸爸还在说：“老杨，亏你这么有心，我们昨天还在说，好几天都没沾蔬菜的边了，怪想的。来，来，你一定累了，坐下，上次电话里说的事情，你考虑得怎么样了？”

杨叔叔憨憨地笑了：“这很方便的。哪天你到我们乡下来，可以吃到很新鲜的蔬菜呢。你说那两箱母蜂吧，不是养得好好的，为什么要搬走?”

“怕是养不成了,邻居有意见,这小东西会蜇人,你看我女儿的脸,还没完全消肿呢,可自己女儿好说,刺了邻居,就比较麻烦了,会闹矛盾的。送给你算是帮我解决一个大问题啊。你看,今天方便拿回去吗?”

“爸爸,不行!杨叔叔,爸爸答应我们,到秋天要采蜜呢!”小小端了茶进来,打断了爸爸的话。

“就是,再过一段时间吧,今天这鬼天气,也不方便拿,再说,小孩子都喜欢着呢。走,我们去看看。”杨叔叔说着就要往阳台去。

“小孩子,别插话。”爸爸说,“大人们的事情,你们不懂的。哦,你先喝口茶休息一会。我正想请教你呢!”

小小只好不说话了。

她心里暗暗高兴,至少杨叔叔说,今天不会把蜜蜂带走。

几天前,小小拉着圆圆忍不住还是去找过白娘娘了。

如此这般一说,没想到白娘娘特别上心,答应说会找机会把这些信息和郝阿婆说的。

那天夜班回来,她还从单位的医务室拿回来一种消肿的药膏,送到了小小家里,嘱咐小小晚上睡觉前涂一点,效果会比较好。

这举动让小小对白娘娘有了一点好感,人的眼睛真是奇怪,一旦对一个人有了好感,似乎就可以看到那个人许多的闪光点。

白娘娘会织很好看的毛衣,会裁衣服做衣服,人也长得很漂亮,有这样一个人关心小小,多好!

但她也听郝阿婆跟邻居们拉家常的时候说过,红颜薄命啊,蛮标致的一个女孩子家，嫁错人了，没福气啊，如今一个人生活得蛮辛苦的。

三

谁也没有想到，蜜蜂被留下来的转机，居然和杨叔叔有关，而且充满了戏剧性。

也许，就像小小爸爸经常说的，有时候，一件事情的成败，并不需要太多的理由，只要一点点的运气。

这次的运气居然就是杨叔叔送来的那些青菜！

那天杨叔叔走后，爸爸将青菜从大麻袋里搬出来，放到晒台上大家一起合用的那间厨房的碗橱顶上时，郝阿婆正在给她外孙女熬粥，她一看到那些青菜，眼睛都发亮了：

“小小爸爸，你真有办法嘛，这满世界都买不到青菜，你倒买来这么一大袋！厉害厉害啊。”

“这可不是买的，是我的一个养蜂朋友自家种的，他听说城里少菜，今天特意帮我摘了些送来。好人啊，你要就拿些去，反正多着呢。”

“这个多不好意思啊。”郝阿婆说着，却转过身子，走到了小小爸爸身边，“那我就不客气了，正好可以在这粥里放一些，这几天小妹单吃这白粥，营养跟不上啊。小小爸爸，谢谢啦。”

爸爸顺手就拿了几棵给她。

看郝阿婆笑眯眯地接过青菜，一副受宠若惊的样子。小小爸爸很受鼓舞，也许这几棵青菜，可以让他这位邻居大人心情好一整天呢,所以,他马上又补充说:"郝大姐,这些菜反正我就放在这橱顶上,算我们两家的,你哪天想吃就自己拿吧。"

"那感情好,我要把钱给你的。"郝阿婆的眼睛已经眯成了一条线了。

"不用,不用,朋友送的,我哪里能要你的钱!再说,我们家人少,吃不完的,放坏了就太可惜了。"

"你们搞写作的,朋友多,关键时候还真派用场啊。"

很难得地,郝阿婆和小小爸爸在厨房狭小的空间里这样攀谈起来,顺带着的,是一个很难的问题即将迎刃而解。

"那待会儿我来烧吧,等小小妈妈下班回来,我端一碗过来,省得她再忙了。"她边说边动起手来,嘴里还在不停地唠叨,"好菜啊,真新鲜,好久没吃了,真是好久没吃了。"

傍晚,郝阿婆果然端来了一碗碧绿碧绿的青菜,眼睛照旧眯成一条缝:"小小妈妈,快吃吧,小小爸爸真有本事,也亏他朋友多,没想到你阳台上的那些蜜蜂还有这用处,我们说好了,你可不能轻易送人啊!"

小小睁大眼睛看着郝阿婆,内心充满了喜悦,难道是白娘娘的话带到了?

"早晚要送的,我已经联系好了,只是这段时间天气不好,可能还要等一段吧。"爸爸回答着。

"不急呀,我听人说了,这小东西浑身都是宝,你自己也说到秋天还能生产蜂蜜,很甜的,你要送走啊?那我们可不答应!秋天我们还等着尝鲜呢!"

郝阿婆说完这句话，不等爸爸有什么反应，就回转身去拉门："不说了，不说了，看这青菜都凉了，你们快吃吧。"

小小坐在那里，瞠目结舌地看着那老太婆离去的背影，一时间回不过神来。

真没想到，蜜蜂就这样留下了，看起来多难的事情呀，郝阿婆当初可是联系了好多家邻居写了字条一片反对声的呀，现在居然这么容易就解决了。

大人们啊，有时真不知道他们心里在想些什么！

那天晚上，半夜的时候，又发生了一件意想不到的事情。

正在暑假里，三楼又常常断水，所以，等小小他们一家都洗好澡准备睡觉的时候，已经快12点了。

大概是白天的兴奋点太多了吧，小小居然睡不着。听着弟弟小乔均匀的鼻息，小小安静地躺在地板上，想自己的心思，并不着急入睡。

小小自有主张，她知道自己睡不着，一定是因为遗传，妈妈就经常抱怨神经衰弱，夜里睡不好。而且，睡不着也很有意思，可以闭着眼睛竖起耳朵听到爸爸妈妈的许多悄悄话，那些话通常是爸爸不愿意他们小孩子知道的事情。

久而久之，她发现如果要探索大人世界的秘密，必须知道他们真实的想法。

而这个真实的并不浪漫的大人世界，让12岁的小小充满了好奇。这天晚上也是这样，爸爸先是说起了白天郝阿婆在厨房和他的一段对话。

“真没想到得到一点青菜就开恩让我继续养蜜蜂了,小市民,有的时候也真是很可爱的。”爸爸的口气充满了戏谑。

然后就听妈妈叹口气说:“这样的环境,两个小孩要学坏的。”

“那倒不一定,其实这也是一种生存之道。是我们这些所谓的知识分子很缺乏的,你别看郝阿婆,像个典型的小市民,但人家有人家的规则,现在想起来挺有道理的!”

小小心想,爸爸准是因为可以再养蜜蜂了,所以居然说起这个老太婆的好话来了。

就在这时,“扑通”,这声音在夜深人静的时候格外地响,好像有什么东西落到了地上。小小的心被这声音猛地一惊,她张开眼睛,黑暗中,她看到爸爸已经坐了起来,拧亮了灯。

“什么声音?”爸爸问。

“可能是野猫打翻了厨房间里的什么东西吧。”妈妈听出这声音是从厨房传出来的。

“我去看看。”爸爸还是起来了,走出了房门。

不一会儿工夫,他就回来了:“一棵青菜掉在地上了,可能是野猫嘴馋了。”爸爸笑道,“睡吧,不早了。”

四

第二天早上,天才蒙蒙亮,小小家的房门就被人敲响了。

“小小妈妈,你快起来看看,有贼骨头啊!”

是郝阿婆的声音。

等小小跟着妈妈走进厨房的时候,那里已经围了很多人了,厨房本来就是三家合用的。现在一下子来了这么多人,显得特别拥挤。

很明显,昨天还堆得高高的青菜,现在几乎一棵不剩了。

大家都议论纷纷,有说那贼太没品位了,居然偷青菜!也有说,一定是馋的,那就说一声好了,何至于半夜爬起来偷呢?

也有嚷着让小小妈妈检查一下的,看还少了什么东西。于是,大家开始查看自家的东西是不是少掉了,清理下来,祝老师说,他的打火机不见了,本来放在煤气灶下的抽屉里。而郝阿婆几乎什么东西也没少,但她却不停地在叫:“一定是内贼,我一定要查出来是哪个不知好歹的东西,连青菜也不放过。”

小小妈妈的损失最惨重了,橱柜里的压力锅没了,爷爷从景德镇带来的一大叠盘子也明显降低了高度。

“小小妈妈,你的压力锅不看到有一段时间了,我还以为你送人了呢!盘子,好像也不是昨天晚上偷掉的。我估计,这贼骨头不是第一次伸手了,看你们大意,已经来过几次了。昨天晚上呀,那个贼一定是冲着这些青菜来的。”

爸爸这时也挤了进来。

“我昨晚下来看时,那些青菜还在呢!估计是下半夜才被偷走的。还好,还好,我们都吃了一顿了。”爸爸对郝阿婆说。

“那怎么可以,这小偷已经不是第一次偷了,我一定要把他揪出来。哎,真是可惜了那些青菜。”郝阿婆还在愤愤不平。

“郝阿婆说得对,一定是内贼,内贼难防啊,否则不可能知道这里有什么青菜的。”有人分析说。

“有道理!”

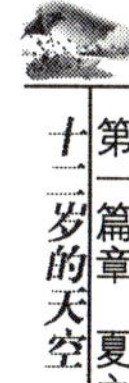

“可能也就是好多天没吃到菜了，嘴馋了。哎呀，其实说一声，说不定小小爸爸就分给他几棵了，何必那么麻烦，说出去都让人觉得可笑。”有邻居说。

小小他们挤在那里，像是遇到了一桩天大的好玩事情。

想想，就在这条弄堂里，就在他们的那些邻居当中，居然隐藏着一个贼！像很多电影里的特务一样，那真叫他们感到又惊讶又诧异。

电影里的特务，总有一天会显出原形的。那么，他们不是可以担当起抓特务的事情来吗？

看来还剩下的那小半个暑假，可以有一件真正重要的事情做了。

不一会儿，圆圆、陈平他们也风闻了这件事情，兴高采烈地跑上来凑热闹。

“我宣布从今天起，我们把表演小分队改组成一支侦察小分队，专门来破这个案子。大家同意不同意？”圆圆就是鬼点子多，那个表演小分队，自从胭脂事件后就没再活动，早就名存实亡了，亏她还记得。

“好呀，好呀！这个带劲。比唱歌跳舞带劲，比跳橡皮筋还有意思多。”大家欢呼起来。

小小也跃跃欲试：“第一次行动做什么呢？”

“到烧晚饭的时候，我们一家家去看看，谁家有青菜吃，谁就是贼！”圆圆很有把握地说。

“你也太小看那贼了，他怎么可能公开在我们这弄堂里吃青菜呢。一定是转移了。”有人反对。

“那也好办，从今天开始，我们在弄堂里轮流巡逻，看谁的行动古怪，特别是晚上，好好查查那些可疑分子。”

“这个有趣。”马上得到大家的赞成。

大人们那时候有什么民兵组织，现在，小小和圆圆他们被自己忽然冒出的侦察员的想法弄得兴奋异常。

说干就干，他们冲进小小家，从她爸爸的书桌上翻出了纸和笔，要做侦察员，当然先要做一张侦察队员的标志牌，他们有的裁纸，有的设计，很快就进入了角色。

“用红笔写字，会比较醒目。”小小在学校经常出黑板报，她有这方面的经验！

很快标牌就做好了。白纸上的五个大字写着：“弄堂侦察员”，还专门编了号，整个弄堂的小朋友都算上，居然编到了13号，大家都笑了。

“这才像真的！”像是做了件大事情，大家都很开心。

“还要有专门的口令，每天都可以变化的。”小乔说。

小孩子们像是终于找到了一件有趣的事情，跑下楼去，躲到花园里讨论起以后的事情来。

谁也不会想到，暑假已经过了一大半，但接下来的那些日子里发生的林林总总，对小小他们来说，意义却非同寻常起来。

小小甚至觉得，12岁的这个暑假，和即将遭遇的故事和人，是她生命中无法轻视的一段岁月！

那些事情，让她对未来的日子和生活本身充满了幻想，甚至有了肃然起敬的感觉。

第二篇章　秋之神韵

秋天是不是一个收获的季节，可是，这个秋天，小小收获到的却是很多的惊诧和对人生的一点怀疑，也许生活就是这样，不总是美好和浪漫，生活的含义就是许多的不如意加上一点点的坚定。

——题记

一、那男的回头看看，发现小孩走远了，才舒口气，径直朝花园的尽头走去……

一

立秋过后，秋天的脚步渐渐近了，梧桐树叶被吹黄了，在长长的弄堂里，落了一地；在傍晚的秋风中，小伙伴们渐渐感觉到了一丝丝的冷意。

夏天已经临近尾声了，秋天快来了，暑假要结束了。

秋天，是收获的季节，弄堂里的那棵无花果树上，如今已经结满暗红色的果实，一个个都绽开了笑脸，像是在欢迎小伙伴们的采摘呢！很多日子前，小乔看着还是青色的果子，就在想象哪天这果子变红了，爆开了的那天，就可以尝一尝无花果的滋味了，可大人们却说，这无花果呀，你们谁都别想轻举妄动。

在这一问题上，整条弄堂的大人们保持着十分难得的一致：不能采摘呀！

大家都在说："只要这树茂盛了，弄堂里的人就会无恙！所以呀，就让那些果实留在枝头上吧。"

小小知道，这话最早是从桑晴慧的恩娜思妈那里传出来的。

桑晴慧说，有一天午睡醒来，思妈轻轻对她们说起过关于两棵树的故事。

她说，这条弄堂原来只有一棵梧桐树，后来，房子的主人说，再种一棵树吧，两棵树就可以互相依赖了，谁也不寂寞了。再说，树茂盛了，人也会平安的。于是，还专门请了风水先生来看，然后，就种下这棵无花果树……

那这棵树有多久了呢？大家拿这个问题问桑晴慧，她就摇头。

于是，大家就将信将疑地，再问："思妈怎么知道得这么清楚呢？"

这下桑晴慧很爽快地说："我恩娜一直都住在这条弄堂里，从来就没离开过呀。"

然后，桑晴慧继续说："我恩娜说过，这些年来，每次无花果结不出果实的年月，日子就会有一点难过。"

似乎大人们都很相信这话，于是，这棵无花果树就成了弄堂里的一棵神树，谁也不敢轻易破坏这样一种神圣。

至少，这些硕果累累证明着一件事情，大家都可以安心度过今年喽。

只是，对于无花果的渴望，始终只能留在小小他们的心里。

这以后，小小再抬眼看花园尽头的那两棵树，心里就有了一种沉甸甸的感觉，在树下跳橡皮筋时，那种沉甸甸的感觉就会袭上心头。

可是，谁也没有想到，雷雨季节过后，无花果树也遭殃了，也许是台风太肆虐了，等到大家好不容易度过了台风季节，安定下来的时候，才发现，满树上的那些红红的无花果，比前一年早了半个月离开了枝头，纷纷落在了花园里的烂泥地上了。

小孩子们都很开心，偷偷采了尝尝滋味。可上了年纪的人却迷信地说，不是好兆头啊，年景虽然不错，但这果实这么经不起风吹，怕是预示着，这一次，不知道要轮到谁倒霉了。

这传闻多少影响了孩子们的玩性。

二

好在侦察巡逻的事情，玩出了一段故事。

那天早晨，按计划，该是轮到小乔值班。

这些日子以来，虽然小伙伴们每天卖力地在弄堂里来回巡逻，却始终没什么收获。

说来也是件再正常不过的事情了，那些做贼的脸上又不贴什么标志，怎么可能被一眼看出来呢。

所以，新鲜了一个星期，大家已经不太当回事了。

小乔说是在值班，其实，他专心地在弄堂的墙壁上用粉笔头画一只猫，正当他为这只他喜欢的小猫装上翅膀时，忽然看到从大门口闪进来一张陌生的面孔。

这个人之所以会引起小乔的注意，完全是因为他的装扮。

初秋的上午，天还挺热的，小乔这时的打扮是背心加短裤，可那人倒好，穿了件长袖的衬衣，头上还压低戴着顶鸭舌帽。好像存心要将自己包裹起来不引人注意似的。

这打扮和电影中出现的特务太像了！

一看到这样打扮的人居然在弄堂门口东张西望，小乔猛然想起了自己侦察员的身份，他不再画画，神经立刻警觉起来。

不，与其说是警觉，还不如说是兴奋起来了。

他急忙跑到2号楼亭子间的窗口下面，按着事先说好的行动计划，从口袋里掏出一架皱巴巴的纸飞机，用力朝二楼窗口飞去。

只见那飞机稍一转弯，就径直飞到了二楼朱伟杰家亭子间的窗户里。

这本领可算得上是小乔的拿手好戏，如今终于派上了用场。

“有情况？”一个脑袋探了出来，是朱伟杰，同脑袋一起传出来的，还有他兴奋的声音，“收到命令，马上行动！”

不知道朱伟杰用了什么神速的办法通知其他小伙伴的，反正，只几秒钟的工夫，所有的人就都凑齐在了弄堂里。

朱伟杰甚至很夸张地手握一把闪着红须的红缨枪，嘴里还叫嚷着：“往哪里逃！”

"注意隐蔽!"小乔一挥手,所有的人就跟着他跑到花园丛中躲藏了起来,顷刻之间便不见了踪影,这情形,看得出这支队伍平时没少训练,而且纪律严明,训练有素。

从低矮的冬青树丛中往外看,恰好可以看到那个装束古怪的人慢吞吞地朝弄堂里走来。

确实,那男人走路的样子看起来有点鬼鬼祟祟的,他衬衣的口袋鼓鼓的,从鸭舌帽下露出一双警觉的小眼睛。

只要那人从他们面前走过,他们就一个接一个在他背后呼啦一下都站了起来。

从背影看去,这人俨然就是一个坏人!

"走,跟上去啊!别让他跑了!"

于是,如果你稍微远离一点看去,会看到一幅可笑的画面:一个长袖长裤的男人后面,跟着五六个短打的孩子,而且一个个神情严肃,似乎随时准备将这男人抓起来送到派出所去的样子。

那男人显然没任何的思想准备,忽然看到身后跟了一大帮孩子,脸上露出了急躁胆怯的表情来,他频繁回头看着这帮孩子,欲言又止……

哈哈,看看吧,狐狸尾巴露出来了吧。

小小也在这些孩子当中。

那人先是露出了几分窘相,然后居然乖乖地从花园里退了出来,还朝大家嘿嘿笑着,开始走回头路。

小小想,这人确实古怪,如果不是我们跟在后面给他一点警告的话,他肯定就把手伸到人家家里做贼骨头了。

看那人回头，小乔马上使一个眼色，示意大家从公开围攻转向秘密跟踪，忽地一下，大家会意地在一秒钟时间内又一次“失踪”了。

有点素质吧！

小乔躲在低矮的冬青树下，小小和圆圆藏到了一号楼进门的背后，朱伟杰索性跑回家，站在窗口拿起了望远镜……

那男的一定有点摸不着头脑，他回头看看，拿不定主意的样子，然后就径直朝花园走去，他走过低矮的冬青树，走过花园中间，走过梧桐树和无花果树，走到了墙根，不放心地又回头张望了一下，然后面对着墙壁，拉开裤子拉链，方便起来……

所有躲藏起来的小队员们都是火眼金睛，将这一切尽收眼底。

这真让侦察队的队员们哭笑不得，跟了半天，原来碰到一个尿急跑进弄堂随地大小便的家伙！

大家一哄而散，嗤笑着调侃着说小乔根本就是大惊小怪！

小乔被大家说得不好意思，班也不值了，画也不画了，索性回家去了。

三

谁也没有想到，事情偏偏就发生在大家走散之后。

那人方便完后，并没有离开弄堂，而是一个疾步，闪身拐进了1号楼的门洞里。

看来那一泡尿，只是个幌子！

圆圆和小小,隐蔽的时候就躲进了1号楼的门洞背后,看大家散了,也没急着回家,而是站定在1号楼一楼的扶梯上说着悄悄话,小小平时不大去1号楼玩,那里的楼道暗暗的,再说大家都知道住在一楼的思妈喜欢安静,不欢迎小伙伴们在那里乱窜的。

圆圆告诉她,今天一早思妈就出去了,所以,她才留下来了。

就在她们咬着耳朵说得起劲的时候,眼前忽然闪过一个黑影,惊得她们俩几乎屏住了呼吸,来不及有什么反应。

那人显然对这里熟门熟路,一眨眼的工夫,就走到了一楼思妈的房门前,然后,那人居然从口袋里掏出一把钥匙,熟练地轻轻一扭,打开了思妈家的房门,闪了进去。

难道真是个贼?

而且是对思妈的家和思妈的行踪非常熟悉的贼?

思妈难得一大早就出去了,这个他也知道?

思妈真的很少出门的,但每隔一段时间,思妈会有一天一大早就出门,然后要到黄昏的时候才回来。

平时,一到这样的时候,桑晴慧就会跑出来和大家玩个半天,今天,没看到桑晴慧的影子,莫不是跟着思妈一起出去了?

大概几分钟后,小小和圆圆从惊吓和惶惑中醒了过来。

思妈家的房门还虚掩着,没有关上。

不能让这贼得逞!

这个念头一旦闪现,两个人几乎同时叫了起来:"抓小偷啊!快来人啊!这里有小偷啊!"

一边叫着的同时，她们从楼梯口冲到思妈家的房门前，用手抵住了将要关上的房门，跟着冲进了思妈的家里。

房间有点暗，让小小和圆圆一时间有点不适应。

这可是她们第一次走进思妈的家呢。

思妈不喜欢别人进她的家，在这条弄堂里是出了名的，不算是什么新闻！

虽然，在那时候，几乎每家每户的门都敞开着，随时摆出欢迎别人进来参观的态势。但思妈是个例外，她经常说自己喜欢清静，将门关得死死的，完全拒绝和别人来往。

如果不是因为这个“小偷”，也许小小她们一直都没机会，也不可能走进思妈家的。

屋子里很暗，小小过了好一会儿，才让眼睛适应了。房间收拾得很干净，家具都是深褐色的，稳稳地立在屋子的中间，似乎在叙说着许多往事。

猛然听到有人大喊“捉贼”，小小看到那家伙迅速打开窗子，跳了出去。

小小和圆圆从窗口望出去，只看到那人飞奔着离开了弄堂的背影。

房间里静悄悄的，一切都井然有序，好像并没有什么东西被翻乱的痕迹。

小小和圆圆甚至有一种贸然闯入思妈家的尴尬。

她们正想撤退，圆圆忽然发现了什么。

四

“小小，快看这里！”圆圆眼尖，指着思妈大床边的一个夜壶箱说。

那夜壶箱是黑褐色的，两扇门正大开着，里面的一只抽屉半开着，显然被动过了，从抽屉里面露出一只精巧的深褐色木头盒子来，盒子的盖子也打开着，隐约可以看到里面的东西。

小小好奇地走到床沿边，在那一大堆东西中，她首先注意到了一张旧得有点泛黄的黑白照片。照片不大，却让小小很惊讶，那是一张结婚照。照片上的新娘很年轻，穿着好看的白色婚纱，坐在一只白色的雕花藤椅上，头上扎着乳白色的头花，笑容灿烂，嘴唇深深的，显然是涂了口红的。

“是思妈的结婚照？桑晴慧说的都是真的喽？”小小有点不相信自己的眼睛。

圆圆点点头：“应该是她吧，桑晴慧不是说她恩娜有这样的照片吗？我们那时还笑她呢。看来这思妈的身上确实有故事。”

小小像是发现了新大陆一般，拿起照片仔细端详着：照片上的思妈年轻、漂亮。那种微笑和眉宇间透着的一种慵懒和自信，似乎在诉说着对未来的日子的信心和期盼。

那件婚纱气宇非凡，将年轻的思妈衬托得特别可爱和端庄，戴着手套的手上还有闪闪的亮点，那分明是一枚钻戒！

“哇，这真是思妈吗？她年轻的时候很有钱吗？怎么从来没听桑晴慧说起过，这一切真像在梦中啊。”

真的，这照片让小小想起自己曾经梦想的未来生活。

现在它真真切切出现在思妈年轻时的照片上。

小小有点想不明白，照片所讲述的，真的是思妈曾经的生活吗？可是后来思妈经历了怎样的变化，有过怎样曲折的人生经历和命运安排，才会变成今天这样安静灰暗的日子呢？

思妈年轻的时候，真是个美人胎子。小小想。

小小曾经仔细看过思妈现在的脸，小眼睛小嘴巴的，满脸的皱纹，实在看不出美在哪里。但思妈的眼睛很特别，虽然小，却很慈祥，闪着善解人意的光芒。一看，就是个一点脾气也没有的好人。记忆中思妈慈祥的脸庞上总带着一点微笑，她最爱坐在屋前的晒台上看小小她们跳橡皮筋！她的眼睛似乎掠过橡皮筋停留在了花园尽头的两棵树上。

思妈最喜欢看的其实是那两棵树：梧桐树和无花果树。

思妈爱说，这些树是有些年代的。

她常坐的那张藤椅有点破了，咯吱咯吱发出响声。

她和蔼的笑容让人有一种心定的感觉。

当然，偶尔思妈也会说一些听不懂的话。

譬如，有一次，她看到大家在弄堂里飞快地奔跑时，忽然说："当心，汽车！"

要知道，这弄堂从来都不允许汽车开进来的。看她那副担心的样子，大家都停止了奔跑，回过头来看着思妈，灰色的衣衫，灰色的脸庞，灰色的思妈一定是老糊涂了，大家就围在思妈旁边，大声地起哄："思妈，思妈，老糊涂！"

思妈并不气恼，只是不住地摇头，脸上的表情让人捉摸不透。

桑晴慧有一次忍不住说："我恩娜说过，她就是穿着白纱裙坐着小轿车嫁到这里来的。我家里还有她的结婚照呢。"

白纱裙子在当时是没有的，小轿车也是难得一见的奢侈品。大家就哄笑起来，说桑晴慧牛皮吹大了，桑晴慧也不反驳。

小小曾经闭起眼睛想象这情致，怎么都觉得似乎那是童话中才有的情景：她看到一个白色仙女，从小轿车里飘然而下，很美，很不可思议。小小一直以为桑晴慧一定是在说一个美丽的童话。就像小孩子有时候想飞上蓝天，飞到月亮上去一样。

居然是真的！居然这一切都是真的！

"小小你看，口红！"圆圆在一边叫了起来，"我们是不是有点过分？"

"这究竟是怎么回事？"小小像是无意间闯进了别人的内心深处，看到了一个叫她费解的故事，"难道说，这就是桑晴慧说起过的百宝箱？她没骗我们喽？"

"那个小偷翻这些东西干什么？"小小放下手中的照片，警觉起来，"看来我们不好再乱翻了，要保护现场。说不定等一会思妈就回来了。"

小小点头表示同意，手停下了，可小小的眼睛一刻也没有离开过那只百宝箱，那里的东西让她太好奇了。

她看到箱子里除了这照片，还有一些看不懂的东西：很多的钥匙，一副细细的金丝边眼镜，几块好看的石头，还有几张泛黄的纸片……

正在小小和圆圆进退两难的时候，吱呀一声，门开了。

昏暗中，小小和圆圆看到思妈进了房门。

她显然没防备家里会有两个不速之客，脸上有一点愠怒。

“你们怎么进来的？”

“怎么可以乱翻人家的东西啊？”

“太不像话了。”

“我们，我们，是因为发现小偷，才……”

小小和圆圆只能一五一十地将刚才发生的事情说了一遍，当说到那小偷用钥匙打开房门的时候，小小看到思妈的眼睛忽然一亮。

“你确定他没有撬门，而是用的钥匙？”

小小和圆圆一起点头。

思妈于是将那盒子里的东西全倒出来看了一遍，然后说：“没事了，我这里什么也没少，我估计那人是我的一个亲戚。只是来的不是时候罢了。”说完，脸上还有了一点笑容。

“如果是你的亲戚，那他为什么要穿的那么古怪，还在花园里小便，而且要跳窗逃走呢？”圆圆问。

“这个我也不太明白，但如果是小偷，他怎么可能有我家的钥匙呢？再说，他真的什么也没拿呀！”思妈说，“不过要谢谢你们两个小家伙的警觉。”

“好了，现在没事情了。你们都回家吧。最好把这事情忘了。”思妈客气却态度坚决地说。

关于那个小偷，和他闯到思妈家究竟想干什么，他又怎么会有

思妈家的钥匙等等，还是一个谜！

思妈好像一点不急于揭开这个谜底，小小她们也只好将这件事情渐渐遗忘。

五

对小小来说，这次经历以后，一切却不可思议地起了变化。

她因此发现了思妈身上的故事，也由着这些故事，发现了属于这条弄堂的许多久远的秘密。

这让小小对这条弄堂发生了浓厚的兴趣。

她开始寻找理由围拢在思妈的周围，想听那些久远的故事。

思妈的表情有点高兴，又有点沮丧。她指着花园前边的那座矮平房（现在是陈平的家），说那里原来是一个车库，放过一辆白色精致的小车，后来，后来……

一说到后来，思妈就闭起了嘴，她挥挥手说，去玩吧，那些故事不好听！还是看你们玩开心。

你们还是趁现在想怎么玩就怎么玩吧，以后的日子，难说啊！

小小忽然对这条弄堂充满了敬意，这条看似平常的弄堂里曾经是藏着一段故事的。

甚至让她不敢相信，原来这偌大的弄堂，并不是像现在这样住着很多人家的，这里曾经只是很安静地住着一户人家啊。

她实在想象不出，一家人为什么要住这么多的房子，他们的日子会是怎样的？会雍容华贵，还是寂寞无数？

这忽然让小小对生命和人生有了一种异样的感觉！

如今叱咤风云的郝阿婆和曾经雍容富贵的思妈，以前的日子并不是如现在这样的啊。

这该是怎样的一种对比呢？

一个人的未来，是像算命书上写着的由老天来掌握的，还是自己掌握的呢？难道真的，弄堂里的一棵无花果树，就能主宰人的命运吗？

可是，那个灰头灰脑看到郝阿婆就本能地低下头的思妈，难道真的曾经有过比郝阿婆，比这条弄堂里所有的人都辉煌的日子吗？

小小有点想不明白！

这让她对自己的未来，对生命充满了一种奇妙诡秘的想法。

她不知道去哪里寻找答案。

她很想去问问祝老师，看他是不是可以给她一个满意的答案呢？

二、阅览室人不多，可首先映入小小眼帘的，却是那件杏黄色的连衣裙！

一

小偷却还在行动。

才过了一个星期，弄堂里又有人家少东西了。

这次的倒霉蛋是祝老师。

对祝老师来说，这一次真可以说是祸不单行啊。

前一天，他放在五斗橱抽屉里的钱不见了；事情还没一点眉

目，接下来的一天，祝老师的一只手表又找不到了。

前一天正好是微微暑假里的最后一次补课时间，郝阿婆可能是不好意思吧，所以，买了些点心带着微微上了祝老师家。

房间里，祝老师正满柜子满房间在找东西呢。

“祝老师，你在找什么？要帮忙吗？”

“哦，微微来了呀，还有郝大姐呀，你们先坐，我马上好。抽屉里的一笔钱不见了，正要派用场呢，”祝老师仍然在抽屉里翻着，等他把抽屉里朝外翻了一遍又一遍后，才很不情愿地抬起头来，“真抱歉，这笔钱对我很重要，所以……”祝老师姗姗一笑。

“钱找不到了，那是很急人的。你说说看，是怎么回事？也许我们可以帮上忙！”

“钱是晓橘她妈妈汇来给她做下学期学费的，我那天去邮局拿了钱，回来的时候正好遇到思妈开信箱，给了我一封信……”说到这里，祝老师犹豫了一下，看郝阿婆认真地盯着自己，他整理了一下自己的思绪，才继续说，“回家后，我就将钱塞在那个信封里，一起放在这个抽屉里的，想着反正还有一个星期，到开学了再派用场，先放一段时间吧，可现在却不见了，哎！”祝老师长长地叹了口气。

“你的抽屉没上锁吗？”郝阿婆问。

祝老师摇头：“一直很太平的，谁会跑到我这破家，还知道我这抽屉里的一个信封里有钱？”

“那倒也是。”郝阿婆看看四壁，这个家确实不值得小偷光顾，于是点着头问，“那天你拿钱回来的事情，还有谁知道呢？”

“弄堂里的几个小伙伴都知道的,汇款单是思妈叫桑晴慧带给我的,就是他们这些小孩子一起玩的时候,本来他们还吵着要陪我去邮局呢。”

“小孩子没这胆子的,微微,你不会做这种事情吧?啊!”郝阿婆忽然对微微说。

“郝大姐,你别误会,我当然知道不会是小孩子。我从来没怀疑过他们呀。小孩子家,想不出来的。但看来,偷这钱的,应该还是那个内贼啊,你看,青菜、压力锅、盘子,还有我这汇款来的钱,好像全是我们里面的人才可能明白的事情啊。”

郝阿婆点头表示同意。

“这小偷也太猖狂了。你这几天离开过家?”

“基本上没有,可上个厕所呀,做个晚饭呀,洗澡啦,或者,去外面散散步,总是有的吧,你知道的,我走开一会的时候老忘记锁门,也许那小偷就钻了空子。”

“这事情不算小,我要好好查查。否则邻居大家在一起,都不安生了。”郝阿婆最后说。

这消息很快就通过微微传到了小伙伴们当中。

“会是谁呢?”大家恨不得把所有的邻居都检查一遍,“想想这个小偷就在我们身边,真有点可怕。”

没想到,接下来的一天,又发生了一次盗窃事件。

那天,祝老师出去了半天,回来的时候已经是满头大汗了,说是秋天,秋老虎来起来还是很厉害的。

他走到二楼,发现二楼的厕所正好空着,就决定趁空赶紧冲一个澡。

等关了门，脱了衣服，才发觉自己这一着急，连戴在手上的手表都忘记脱下来留在房间里了，在当时，手表可还是稀罕物，没办法想了，他就随手将手表脱下，放在了厕所的窗台上。

谁知道就这样一个随意的举动，这手表就遭了殃。

很快冲好了澡，回房间的时候，祝老师把手表还放在窗台上的事情完全忘记了。等到一个小时后，他猛然想起来还有一只上海牌的全钢手表留在厕所的窗台上，赶紧去那里看看的时候，哪里还有表的踪影呀，窗台上空荡荡的，似乎正在嘲笑祝老师的粗心大意。

据查，这一个小时内，厕所可没有空过，二楼住着的几户人家几乎都用过：亭子间的朱家午睡起来去擦过一把脸，隔壁的马家在里面洗掉了一身内衣，对面的晓橘也进去过，甚至还有一楼尿急上来方便的……

可大家都说，没注意到窗台上有过一只手表，压根那里就什么也没有呀。

才一个小时的时间，东西就不见了；何况两天里，祝老师平白无故少了钱又少了手表，这让 2 号楼所有的邻居都有点惊恐。

“内贼，内贼”的叫嚷声一声高过一声，很快，二楼的厕所前就围了很多人，郝阿婆也挪着步子来到了二楼，她起先什么也没说，很安静地听大家七嘴八舌地谈着想法，今后要锁门啦，要查一下啦，人心难测啦，小偷脸上不写字啦，呵呵，说什么的都有。

最后，郝阿婆挥一下手总结道：

"现在看来,肯定是内贼了。如果这个小偷还有良心,就听好了,自己把东西交出来,人家祝老师买一只手表不容易的,再说昨天还把人家晓橘妈妈汇来的学费也搞丢了,你拿在手上,戴着那手表,心里也会不安的。只要送回来了,我们也就不追究了。如果继续偷的话,我可要去派出所找警察来了,我就不相信,我们这么多双眼睛,抓不住一个小偷!"

所有人拍手,觉得郝阿婆这话说得很像一个居委会小组长的做派。

可是,小偷哪里肯乖乖缴枪呢?

二

小偷的频繁作案让2号楼的人个个都显得局促不安起来。

"内贼"这个说法令他们如今遇到周围的邻居,好像看谁都像小偷似的。

小小想起了语文课上学过的一篇古文,说当一个人怀疑他的邻居是小偷的时候,他怎么看都觉得那人像小偷,后来知道不是了,眼光也就变了。

难道真是人的心理在起作用吗?

爸爸妈妈也在猜,他们喜欢在晚上小小他们睡着以后说悄悄话。

但他们一定没想到,小小的耳朵那时候正竖着呢!

那天晚上,小小听爸爸和妈妈说到了这个特别敏感的话题,就屏住呼吸竖起耳朵听着,爸爸分析得头头是道,妈妈听完就说确实有可能，然后，爸爸对妈妈说："算了，反正也就是拿点小东西，眼不见心不烦，都说吃亏是福啊！我们还是当做不知道比较好，这种事情，如果两个小家伙知道了就麻烦了。平时低头不见抬头见的，弄不好要闹出大矛盾来的。"

才不会呢，小小在心里对自己说。我会把爸爸妈妈嘴巴里的秘密藏在内心深处，谁也不告诉！

人真的是很奇怪，自从知道了这个属于大人的秘密，"认识"了那个爸爸嘴里的小偷以后，小小发现自己好像一下子长大了，有那么两天，她确实为自己的长大而高兴。

但同时，她的心里也积聚着一点恐惧，她常常会想，如果一个人在没有人看到的时候是个贼，而人前却笑呵呵地和大家拉着家常，说着笑话。那是多么奇怪多么叫人尴尬的一件事情啊！

她很想去告诉祝老师爸爸妈妈的分析，让他小心一点，也想问问祝老师，如果一个人表里不一，他是好人还是坏人呢？

可她有点没把握，不敢轻易乱说。

祝老师也好像忽然忙了起来，总是一早就看到他匆匆离开的身影，这也让小小始终没机会去他家。

有那么几天，她感觉自己比圆圆，比那些只知道游戏的小伙伴们要成熟和懂事，想到自己心里拥有一个别人不知道的秘密，她觉得很得意。

可这种自豪感只维持了没几天，小小就开始觉得不自在了。

当面对面与这个人遭遇的时候，她的心里会滋生出一点不舒服的感觉，她忽然发现，还是什么都不知道的好。

如果什么都不知道，心里也不会生出这么多的疑惑和不安来了，那该多好啊！

在这个世界上，一个人不是知道得越多就越快乐的。

12 岁的那年，小小开始体味这样一种心情。

暑假的最后一天就这么不知不觉来临了。

马上就要开始学校生活了，这天上午，大家不约而同聚到了陈平的家里。

陈平家的房子，就在弄堂进门处，很低矮，好像一个门卫室，思妈说过，这房间老早是不住人的，里面放着一辆白色精致的汽车。

从那以后，大家都称陈平家叫汽车间。

这汽车间有一个特别的优势，随便哪一个人从这条弄堂进出，从汽车间的天井里就能看个一清二楚，而外面的人却看不见里面。

这样，小孩子在游戏的时候，可以随时注意到大人的举动，避免了很多大人的责骂，所以，大家都喜欢去陈平家。

小孩子家的在一起就是热闹，很快，这里，已经开始了四国大战，那里，女生们开始讨论秋天的流行色，有说今年秋天会流行杏黄色，也有反驳说，那颜色太耀眼了，还是粉色系比较温柔一点。

小小被邀请为男生们正在酣战的四国大战当裁判，男生的话题就要有意思得多，他们遐想的是如果能生在二次大战的年代就好了，这个说那是多么带劲的战争年代啊，那个却笑着说那还不被炮弹一下就飞上了天。

忽然，微微的一个军长被吃了，他心疼军长，就赖皮起来，悄悄去翻小乔的牌。

小乔还没来得及有反应，陈平先叫了起来："男子汉一点好不好，跟着祝老师学了一个暑假，这点道理也没弄明白吗？"

祝老师！小小听到这个名字，又一次莫名想起了自己脑海中的问题。

为什么呢？为什么大人会有很多面呢？

她发现，无忧无虑的童年似乎正在渐渐走远，成人世界的纷繁复杂不知不觉中向她逼近，想到曾经围着两棵树边唱边跳橡皮筋的快乐日子，小小忽然就沮丧起来。

中午时分，聚会临近尾声。

四国大战终于分出了仲伯，小小起身准备回家，聚会总有结束的时候，这个充满奇特故事的暑假终于要结束了。

就在这时，她听到从大门口传来一声"吱呀"的开门声，她下意识地抬头看时，看到一个背影晃了出去。

几乎只是不经意地一瞥，小小却分明确信那个晃出去的背影正是祝老师。

她想叫住他，声音还没发出，随即改变了主意，决定先跟出去。

她没吱声，离开了热闹的小伙伴们，悄悄走出陈平的家，跟在了祝老师的身后。

她身不由已地想知道祝老师这几天这么忙碌是在干什么。

三

小小站在弄堂口，看见祝老师过了马路，几分钟后，消失在了对面的图书馆里。

原来是去图书馆啊！

看来又是为晓橘去还书借书吧？小小释然。

她刚想转身，却又停住了。

不对！

真的只是去图书馆那么简单吗？会不会还有别的事情呢？

她这么一想，就动了脚步准备过马路，身子一动，脑筋随即也动了起来，她突然为自己的这个念想吓了一跳，怎么开始学会怀疑起别人来了？她立在马路边，犹豫起来。

因为爸爸妈妈的悄悄话？还是因为对小偷的认识？

还是因为最近自己心情里的古里古怪？

她就那样立在马路边犹豫了几分钟，最终还是决定去对面图书馆看个究竟。

小小过了马路，一个人朝图书馆里走去。

一楼的外借室空无一人，图书管理员正在低着脑袋打着瞌睡。

根本没有祝老师或者晓橘的影子。

小小直奔三楼的阅览室。

她想，祝老师多半会在三楼的阅览室里，也许新学期要来临了，他要来这里找资料备课。

小小是踮着脚走到三楼的阅览室门外的玻璃窗前的。

那里，曾经是她经常来的地方。后来，不知道因为什么原因，阅览室出了个通知，说年龄在 14 岁以下的小读者，不能到这里来阅览了，可以去文化广场附近的一家儿童阅览室阅览，这以后，小小他们只能走更多的路去那家分部的儿童阅览室了。

好久没来这里了，因为内心中藏着一个探究的目的，小小没有直接走进阅览室，而是走到后门的窗口，踮起脚跟在窗外张望。

阅览室里的人不是很多，大多低着头，小小一排排看过去，想寻找那个高挑的身影，可首先映入她眼帘的，却是一件杏黄色的连衣裙。

那不是白娘娘吗？

那种杏黄，几乎没来由地直接跳进小小的眼睛里的。

那段日子，街上正流行这种颜色，看白娘娘马上穿上了这颜色的连衣裙，小小她们还很羡慕过一番呢！

可是，白娘娘可不是一个人啊，她的对面还坐了一个人。

那人，看到那人的模样，小小的心跳猛地加快了。

不用多说，和白娘娘面对面坐着的，正是她从弄堂里犹豫着跟着过来找寻的祝老师。

他们两个人围着的那张桌子上，有一本封面土黄的杂志翻开着，可是，很显然，祝老师和白娘娘都对杂志没有兴趣。因为，要命的是，在杂志的上面，有两只拉在一起的手。

那居然是祝老师和白娘娘的手。

小小的脸一定红了，她赶忙蹲了下来！像是自己做了什么亏心事。

四

白娘娘是结了婚的，这事情整个弄堂的人都知道。

确实，似乎没有人见到过白娘娘的老公。她老公后来去了哪里，说法有很多了。可已经结过婚的白娘娘怎么可以和祝老师手拉着手呢？

小小拼命摇晃自己的脑袋想理清思绪。

她又踮起脚朝里面看去。

一切都很真实，因为他们还故意坐在一个角落里，而且，她还看到了白娘娘和祝老师的眼眸中都飘闪着一种喜悦。

这是大人们所说的恋爱吗？小小不由为自己发现的秘密而心跳！

虽然她觉得这一切发生得太突然，太不可思议了，但他还在思索着企图为祝老师这样做寻找出一条令人信服的理由。

这个时候，白娘娘抬起了头，眼光恰好与窗外的小小相碰。

小小赶紧又蹲了下去，这可怎么办？

是一走了之好呢，还是按兵不动好呢？小小的心跳更是加快了。

还是快跑吧。

她终于下了决心，刚拔腿朝楼梯跑去，却一头撞在白娘娘的身上！

白娘娘扶住了她，弯下身子蹲在了她的面前。

"小姑娘，先什么也别想，什么也别说，晚上来我家，听我给你个解释，好吗？早点来哦，我9点要去上夜班的。"白娘娘微笑着，脸上满是阳光。

她用手抚摩着小小因惊慌而泛白的脸庞，眼睛认真地看着她，像是在征询她的意见。

这让小小的心情稍微平静了一点。

小小的内心中忽然生出一种从未有过的骄傲。

想到一个大人这样平等地和自己对话,她忽然就为能独自一人分享祝老师与白娘娘之间的秘密而暗暗庆幸。

她当然并不能从更深的内涵里去理解成人世界中这种叫做感情或者说爱情的故事发生的来龙去脉。

但因为对方是她心中崇拜的祝老师,她已经在心中找到了释然的理由。

很多年以后,她还能记起这个温馨的场面,记起白娘娘脸上的光彩和微笑,从这一刻起,她其实已经在心里认定白娘娘是个好人。

而这个让她的心跳渐渐平息的温情场面给了她以后面对未来艰难时的勇气。让她相信,一个女孩的成长,有时候只需要一刹那的感动:为着对一个人或一件事情的感悟,女孩敏感的心触及了心灵深处藏着的那片处女地,女孩便开始了她成长的历程,而这一天的到来,有时候是那样的不经意和猝不及防!

从那一刻起,她的心中好像多了一层防护,她发现自己可以很坦然地面对秘密了。

她在静静地等待着夜晚的到来。

在这静静中,却又有一些的犹豫和焦灼夹杂着。

遗憾的是,晚上,因为妈妈陪着她和小乔整理书包,为着第二天开学做着种种准备,一直就弄到了将近 9 点,小小抬头看了几次钟,却始终找不出一个冠冕堂皇离开家去白娘娘那里的理由,于是错过了去听白娘娘叙说的时机。

这个秘密，仍然只能由她默默地揣在心中。

让小小没想到的是，这个秘密，后来会在弄堂里传得沸沸扬扬，而且完全变了味……

这是后话。

三、起先，还能看清蜂巢板的形状，渐渐地，屋子里飘起了一股浓郁的香甜味……

一

九月金秋，弄堂里终于有了一件值得小小和她的小伙伴高兴的事情。

金秋是收获的季节，这个秋天，小小他们将收获一次特别的甜蜜！

小小家阳台上的那些蜜蜂，因为台风季节那几棵救命的青菜留了下来，它们一直忙碌着，飞舞着，热闹着，似乎在为这个秋季的到来做着最充分的准备。

于是，那些飞舞的日子，也就带给了小小他们特别多的幻想和神秘。

如今，该是到揭开谜底的时候了。

小小的爸爸原来一直说，在城市里养蜜蜂，蜜蜂们是很辛苦的，城市里的花草少，它们采集的蜜连自己都养不活呢，怎么还能去问它们索取呢？

可他终于还是拗不过小家伙们的强烈要求，答应一定想办法搜出那可怜的一点点蜂蜜来，满足一下孩子们对那种甜丝丝滋味的向往。

这消息传得很快，许多小朋友都和小小、小乔约好了，到时候一定要到阳台上去观看蜜蜂们的现场表演。

甚至，小小的爸爸下班回家的路上，会碰到邻居友好地问他："听说有蜜糖吃啊，我家小孩已经说了好几天了。"

也许，弄堂里发生了一些不愉快的事情后，大家的心情和神经都被绷得紧紧的，需要有点什么来调剂一下。

小小爸爸终于选定了一个秋高气爽的星期天。

一早上，时针还没到8呢，小小家的阳台上，就挤满了弄堂里的小朋友。开学之后，生活步入了循规蹈矩的轨道里，玩的时间自然就少了，所以，这次快乐，就让小伙伴们特别期待了。

这么多人的到来，可着实让小小爸爸的心里捏着一把汗。

要知道，连着几天，他都仔细观察过蜂箱中那些蜂巢，里面聚集的蜂蜜可不多啊，这让他心里一直很犹豫。蜜蜂能闻出人的气味来，这么多人围观着，又是明目张胆地取它们的宝贝，如果它们一起攻击起孩子们来，事情可就麻烦了。

无论是谁被蜜蜂刺了，都会像以前一样，多出许多是非来。

"你们都进屋去。小小，让小朋友都到房间里等着，蜜蜂看到我们要抢蜂蜜，可能会刺人的。"他对着女儿叫着。

孩子们听了，也不敢在阳台上多逗留了，纷纷跟着小小逃回了房间里。

这时，小小爸爸才放心地戴好那顶阿拉伯女人戴的黑色网帽，一个人走到阳台上忙碌起来。

从窗玻璃望出去，可以看到阳台上小小爸爸的一举一动，只见他小心翼翼地打开了蜂箱盖，立刻，成群的蜜蜂就围了上来，所有的一切都变得模糊起来了……

小小的家里，这时也热闹非凡起来。

小小的家不大，一张双人床，一只吃饭的方桌和小小爸爸的一张大写字台几乎将所有的地盘都占据了。

如今，就在大床和方桌之间，还赫然放着一只大圆桶。

"小小，这个就是你说起过的摇蜜机吗?"看不真切阳台上的动静，大家不由自主围住了这只庞然大物。

"是呀，这是我叔叔专门为摇蜜准备的。"

小小的叔叔在一家机械厂工作。

当爸爸正在为根本没地方可以买到摇蜜机犯愁时，叔叔听说后拍着胸脯说，那还不方便，包在我身上。

他于是照着一些养蜂书上见过的摇蜜机的样子画了个图，又按着图如法炮制，亲自动手做成了一个好大的摇蜜机搬了来。

他拿来的时候，还开玩笑说："外国有个加拿大，中国有个大家拿，工厂就是我的家，不拿白不拿。"弄得爸爸差点板面孔。

后来他解释说，所有的材料都是厂里没用的东西，完全是废物利用，所以只是开个玩笑，并没有揩国家的油。

看上去，那不过是一只大大的圆桶，里面竖着立着两副铁框，铁框的上端用齿轮连着一副手柄，手柄一摇，齿轮就转动起来了，里面的铁框也就跟着不停地转动。

小伙伴们都好奇地摇着手柄。

“难道就这么摇一摇，蜂蜜就会自动下来吗？”朱伟杰问。

“是呀，没道理呀，”有人附和着。

小小妈妈也在一旁张罗着，她拿出了家里的锅子、纱布、瓶子等东西，都是爸爸要她准备的。

听大家说起这个，她微笑着对大家说：“这个啊，叫离心力，听说现在发明的一种洗衣机用的也是这个原理，你们好好学习，以后肯定会学到的。”

“就是，这个也不懂啊，呆会儿看我爸爸表演吧。”小乔帮腔道，被妈吗笑着用手指点了下脑袋。

“不懂还说呢。”妈妈笑着说。

二

大家正说得起劲，“来了，来了，大家让开啊！”随着一声吆喝，小小爸爸手里拿着蜂巢板，走进了屋子里。有几只胆大的蜜蜂也跟着飞了进来。

嗡嗡声吓得围着摇蜜机的小朋友纷纷本能地后退了几步。

正好留出一个空档，小小爸爸就这样靠近了摇蜜机。

“你们当心被蜜蜂刺啊。”他一边说着，一边将蜂巢板竖起来，顺着铁框放了下去，等两块都放好后，他便抓起了手柄，使劲地摇了起来。

起先，还能看清蜂巢板的形状，渐渐地，就只能看到一片黄色在摇蜜机里飞快地打转，而屋子里，渐渐飘起了一股浓郁的香甜味来……

“哇，这一定就是蜂蜜的味道了，闻起来好甜啊。”小小情不自禁叫嚷起来。

果然，随着小小爸爸的手停止摇动，大家清楚地看到，在摇蜜机的周围，点点滴滴，密密麻麻，布满了流淌下来的淡黄色的蜂蜜。

小小和伙伴们忍不住惊叫起来：“哦，离心力真伟大！”

离心力真伟大！

“嘘，轻点，蜜蜂听到了可不饶我们啊。你们等着，我换两块板。”小小爸爸显然也被这些蜂蜜震撼了，严肃的脸上终于有了微笑，他用手示意大家别出声。

大家都不再吭声，静静地守候在桶边，看着小小爸爸一会儿进，一会儿出，忙上忙下的，而桶里黄色的蜜渐渐注满了桶底。

等到所有的蜂巢板都被小小爸爸拿进拿出转过一遍后，小小爸爸关紧阳台的门，脱去了头上的行头，脸上已经渗出了密密的汗水。

他朝阳台上的蜂箱看了有几秒钟，长长地舒了口气。

“可怜的蜜蜂，那些宝贝都被我们掠夺了啊。”爸爸悠悠地说。

小伙伴们才不管这些呢，满屋的飘香早已让他们兴奋起来了。

“怎么将这桶里的蜜蜂弄出来呢？”有人问。

是呀，事情还没有完呢。

关上了阳台的门，只是万里长征走出了第一步啊。

“你们可别着急，这些蜜还要经过过滤后才可以吃呢！让我休息一会啊。”爸爸说。

小小妈妈也点点头，已经在一旁准备好了浸湿的白色纱布。

等小小爸爸将蜂蜜从摇蜜机里倒进锅子后，她就拿出了一个大口的玻璃瓶，然后将湿纱布包在瓶口上，用橡皮筋扎紧瓶口。

“来，小小，帮我扶住瓶子。”

小小刚将瓶子扶好，大锅子里的蜂蜜就缓缓地注入到了瓶子里。

大家看得很真切，瓶子里的黄色不再浑浊，晶莹透明的，那种金黄的颜色，还有液体缓缓流淌下来的粘稠，弄得大家口水都快流下来了。

眼看一个瓶子快要装满了，小小赶紧又送上一只瓶子来，而站在旁边的微微也急着说：“小小妈妈，我去拿个瓶子来，行吗？”

这问话提醒了小小妈妈。

她一边忙着点头，一边对旁边其他人说：“就是，难得收一点蜂蜜，你们都回去拿了瓶子来，大家都装点，一起尝尝吧。”

这一说，几乎所有的人都行动起来了。

“哦，快走啊，有蜂蜜吃喽。”

等大家都跑出房门了，小小妈妈才想起朝楼梯口大叫：“别忘了，瓶子的口要大点啊！”

很快，一只只瓶子都伸了过来，小小注意看了一下，瓶口都挺大的。

叫人哭笑不得的是，朱嫣红家的那只瓶子特别大，容量几乎是自己家那只的一倍。

“这么大,你们家没小一点的瓶子吗?”小小说。

“我爸爸还被蜜蜂刺过呢,吃点蜂蜜算什么啊。”朱嫣红说。

生怕两个小家伙为这个吵架,妈妈用肘子碰碰小小:“少说废话,快帮我的忙啊。”

这才将大家的注意力都集中到了那一只只小瓶子上。

很快,一只只小瓶子里都装满了蜂蜜。

小伙伴们兴高采烈地拿着瓶子,道一声谢谢,心满意足地走了。

最后,妈妈将大锅子对准了最大的那只瓶子,等装到一半时,就再也倒不出蜂蜜来了。

“呀,小红,对不起了,看来只有这点了,好在你的瓶子大,应该也装了不少了啊。”妈妈歉意地朝朱嫣红看看,开始收拾家什。

小小估算了一下,其实,大家得到的蜂蜜都差不多,而妈妈这举动中的温和态度却是她没有的,她伸了伸舌头,在心里很佩服妈妈的方法。

她朝妈妈看看,发现妈妈正朝着她会心地微笑呢!

三

那天夜里,整个弄堂像过节一般热闹,这些看起来不起眼的小生灵们,带给了整条弄堂一种从未品尝过的甜蜜。

似乎因为这些蜂蜜,蜜蜂从此升级成了整条弄堂里大家的宠物了。

郝阿婆那天傍晚的时候特意站在阳台上对小小爸爸说:

"小小爸爸,那个蜜呀真的很甜,好吃,好吃!谢谢你啦。"

"不客气,都是小孩子瞎起哄,弄着玩的。"

"我听微微说了,很有意思的,你看,台风的时候你家有青菜吃,到了秋天又可以吃蜂蜜,这才叫活得有滋有味呢!"

"哪里,哪里。"

"哦,小小爸爸,我忘记告诉你了,那个小偷呀,"郝阿婆忽然压低声音说,"有点眉目了,我一定会抓住他的,你看,先是拿几棵青菜,现在居然拿钱拿手表的,那可不允许,弄得大家人心惶惶的,快了,快了!"

到了晚上,小小家的方桌上,除了一瓶黄色的蜂蜜,还多出了好多邻居们送来的土产:一碗酒酿,一罐乳腐,一盆馄饨和一些小小还叫不出名字的东西……

小小和小乔特别兴奋,因为这些蜂蜜,她们似乎收获得更多,而那泛着金黄颜色的半透明液体,夹杂在这所有的味道当中,泛出了特别的温暖。

这小小的蜂蜜,居然成了整条弄堂的友好使者,尝了这些蜂蜜的滋味以后,蜜蜂的命运便和这条弄堂里的人紧紧联系在一起了。

这是连小小爸爸也始料未及的。

小小呢,更是在内心充满了一种感激。她感谢爸爸,感谢爸爸让她从小懂得了对动物的爱怜,感谢他赋予了小小一颗善待动物的心。

对蜜蜂的热爱,因着这甜味,很多年以后依然留在小小的记忆深处。

这让小小在这个充满凉意的秋天找到了一个喜欢它的理由！

但是，小小他们却不知道，掠夺掉这些蜜蜂储存起来准备过冬的粮食，对那些可爱的小生灵的明天，几乎是致命的打击！

四、小偷是抓住了，可因为这小偷牵连出来的事情，却远远比小偷本身复杂一百倍，这事情说来话长。

一

品尝蜂蜜的喜悦似乎还没有消退，一件意料不到的事情接踵而至。

星期一的早上，天还蒙蒙亮，2 号楼里忽然传出了“捉牢伊，捉牢伊”的抓贼声，所有的人家都被这声音惊醒了。

好像是 4 点的光景，小小还以为自己在梦乡中呢。

但仔细听去，这声音又特别熟悉，俨然是郝阿婆的大嗓门。

很多人家随即都开了门出来看，小小也是被这声音叫醒的，她赶紧穿了衣服往楼下赶，2 号楼前的小花园里，已经围了好多人了。

天边微微露出一点晨曦，有声音在说，那个困扰大家很多日子的内贼终于给抓住了，郝阿婆立了大功。

小小可以听到郝阿婆兴奋的声音：“若要人不知，除非己莫为。我早就盯牢侬了。人家老法人说的好啊，你也不想想，你这样做，给小孩子带来多坏的影响啊！”

“看不出，看不出！小偷小摸的，搞不好了。”

“到监狱里去好好反省吧。”

“这下好了，祝老师的钱可以找回来了。”

小小赶紧挤进去看，在人群的中心，站着的真的就是朱伟杰的爸爸，那个34路的早班驾驶员。

这会他正低着头，全然没有平时那副什么都不在乎的样子，在他旁边还站着两个警察，他的手里还捧着几件衣服呢。

爸爸妈妈很早就猜到是他了，小小在心里藏着这个秘密，也有些时日了。

小小看到，在那几件衣服当中，居然就有小小的一件湖蓝色罩衣。是昨天下午妈妈叫她晾在三楼的楼道里的。

原来，做早班司机这个工作，给了这个男人比别人早起的“机会”，他居然利用这样的机会开始偷东西。

今天早上，他想将三楼楼道里晾着的几件成色不错的衣服占为己有的时候，被郝阿婆抓了个正着，至于怎么会这么快惊动了警方，大家都很狐疑。

郝阿婆解释说：“其实，在祝老师说手表不见的那天，我就怀疑伊了，我去了次警察局，请他们帮助调查了一下，从那天起，我们居委会就和警察联系密切，一直在暗中注视2号楼里的一举一动呢！”

正说着，警察说要带人去警察局做笔录，还要拿了搜查证来查看他家里的情况，并且，有一个警察对郝阿婆说，要请她一起去警察局做旁证。

郝阿婆这才停止了说话，答应着“好的，好的”，摇摆着身子跟在警察后面走出了弄堂。

弄堂里的人群还不愿意散去，大家仍然聚在那里，表达着愤怒或者不满。

时间还早，太阳终于慢慢露出了脸。

小小悄悄躲到了一边，心里有一种说不出来的难过。

其实，早一个月，小小就在爸爸妈妈的悄悄话中听到这样的说法了。她一方面是不愿意相信，另一方面是不想去相信，所以她独白一人固执地保守着这个秘密。

现在看到爸爸妈妈的猜测变成了事实，她的心里特别难过。

这不是她想要的结果，可为什么事情还是会这样呢？

当然，她也为祝老师开心，这样，祝老师的东西应该可以找到了，自从在图书馆看到那一幕以后，有好几天了，她不敢去祝老师的家，那天妈妈要她去送一点蜂蜜给祝老师，她也没答应，她发现自己甚至不敢看他一眼，她忽然明白，其实，要独自一个人保守住一个秘密，是一件多么不容易的事情啊！

这边人群还在议论着，那边，传来了朱嫣红的哭声。

大家这才发现，事情远没有想象得那么简单，言教不如身教！朱家大人的这些举动，给孩子带来的影响，也许很多年也消散不去的。

有人好心地过去安慰小姑娘：

“只要你爸爸交代清楚了，把拿的东西都交出来，不会坐牢的，这些东西不够资格进监牢的，最多就是教育一下，会送回来的。”

“可惜呀，小孩子会有阴影的，做父母的，怎么可以这样不负责任呢！”

"好了，好了，郝阿婆算是做了一件好事情，大家可以安心了，有小偷惦记着的日子可不好过啊。"

"回家吃早饭吧，要上班了，快，上学要迟到了。"

大家就这样说着，散去了。

二

按理说，抓住小偷对于弄堂里的人来说，应该算是件大快人心的事情，可整个一天，小小在学校读书的时候也好，放学回家的路上也好，心里一直觉得很郁闷。

她万万没有想到的是，等到她郁闷了一天，终于挨到放学回弄堂时，弄堂里的气氛已经和早上大相径庭了。

一件更让她心里难过的事情在弄堂里沸沸扬扬地传开了。而叫人不能理解的是，大家对这事情的态度，要比早上听到的关于小偷的事情暧昧得多。

很难得，弄堂里聚了好多人，可大家的话题变了，朱嫣红脸上的泪痕早就看不见了，她还在起劲地在和人家说着：

"是我爸爸'拿'到那封信的，那封信和那叠钱放在一起呢。"

好像他爸爸不是贼，而是一个功臣。

信？钱！

钱？信！

又出了什么事情？

小小的心无端地一紧，她本能地感觉到一点不妙！

大家的兴奋点似乎比早上更为浓厚，知道了事情的都在摇头，还一致叫着:“看不出,看不出,平时看上去这两个人都蛮正经老实的嘛,哎,老法人说的好啊,人不可貌相啊!”

小小挤进了人群中,想知道个究竟,她看到郝阿婆正在绘声绘色地说着什么。

郝阿婆那样子,比早上还要兴奋,她的嗓门高高的,样子却有点神秘兮兮。

“我早就发现她不对劲了,有时候,我到她家去看她给我的小孙女衣服织好了没有,却发现她的手上织的是一件男人的毛衣,见了我就把那毛衣放下,样子也有点慌慌张张的。”郝阿婆说到这里停顿了一下,所有的人都屏住呼吸等待着,“我那时就想,她那么好,会为那个在牢监里的人织衣服?”郝阿婆再次停顿,加重语气,“她才没那么好心呢!”

“哦?那就是说,这事情已经有个把月了喽?女追男,一层纸啊!看不出,看不出啊!”有人附和着说。

“就是呀,难怪暑假刚开始的时候,我很起劲地要为祝老师介绍女朋友,他还一个劲地说自己还小,还小的。估计那会已经被狐狸精钩住啦。”

“那信呢,上面写了点什么呢?瞧瞧啊。”有人问。

“信还在公安局里呢。我不认识字,不过听公安局的人说,好像说一定要两个人一起努力,相信未来会很好,诸如此类的,反正写得蛮肉麻的,你们说,这些话是你白娘娘应该说的?”

“一只碗不响,两只碗才叮当呢!这事情,一只巴掌可拍不响,一条弄堂里住着,还要鸿雁传情,看来是心里有鬼啊。”

“那也不一定，人家知识分子，就爱这一套，感情深厚呢。”

“是呀，是呀，我还把我们家微微托付给他读书呢，哎呀，算我看走眼了啊！”郝阿婆继续说。

小小有点听明白了。

图书馆的一幕又在眼前闪现，白娘娘和祝老师，两只叠在一起的手……

白娘娘的老公在监狱里！？这是让小小又一次感到惊讶和不安的事情。

弄堂里先是有一个贼，现在，有人说，白娘娘的老公在监狱里，而祝老师，扮演的就是那个不光彩的第三者！

小小听到这时候才终于搞明白了。白娘娘写给祝老师的一封情书和那些钱放在一起，居然一起被朱爸爸偷了，现在还留在公安局里呢。

朱爸爸好像因为偷到了这封信，立刻得到了大家的原谅，现在，所有人的目光焦点都集中到了祝老师的不道德和白娘娘的不要脸上去了。

似乎一切都颠倒了！

小小内心的天平倾斜了，在她的心目中，老师应该是个没有错误，没有缺点的人，特别是祝老师，曾经给他留下多少美好的印象啊，可是，为什么，祝老师要给她这样大的打击呢？

小小有点难过，她还隐约地会将眼前这一切和自己联系起来，虽然她没有和任何人说起过在图书馆看见的那一幕，可是，眼看着事情朝着她不愿意看到的方向发展，她总是有些自责。

“是呀,今天那男人的学校已经来人了解情况了,如果他真是第三者,学校可能会给他一个处分。”郝阿婆继续着她的话题。

“警察真的把朱大哥放了吗?”

“那是,这个没出息的,一到警察局就吓瘫了,全部交代了,可加在一起也没多少值钱的东西,可能就是祝老师的那笔钱和那只手表最值钱了,谁知道偏偏他交代出一封信来,我一看,这事情非同小可,就回来处理这件事情了。后来才知道,中午前他就被送了回来,警察让他以后不要再做这小偷小摸的事情了,单位里会给他一个处分,就算完了。”

……

接连不断的事情,像一枚枚炮弹,让小小和弄堂里所有的孩子内心都受到了一次震颤。

对于小小来说,这一天的情景更是让她难以忘怀。这个心中永远怀着憧憬认为世界将一如既往美好下去的小姑娘,猛然间撞见了藏在成人世界里的龌龊,这个突变来得太快,让她的内心世界难以平静。

秋天的风还不凛冽,但小小的内心,因为这些变故,一下子凛冽起来了。

是不是生活本来就是这样?它不常常都是乐呵呵的,它也会显示出那么多的阴暗来逼着人们去接受?

三

白娘娘和祝老师像是约好了一般,从这个绯闻传出来的那一个下午开始，就一起从这条弄堂里消失了。

其实，傍晚的时候，还是可以看到祝老师走在弄堂里的身影，有的时候，晓橘会陪在他身旁，他们两个不说话，也不笑，只是低着头走路，目不斜视匆匆穿过弄堂走进2号楼的门洞里。

小小常常想，如果不是晓橘的妈妈将晓橘托给了祝老师看护，也许他会消失得更彻底。想到这里，她从内心中对晓橘可以这样义无反顾地陪伴在祝老师的身边感到一点安慰。

她好几次想和祝老师打个招呼，哪怕只是笑一下，或者交换一下眼神，可都被祝老师那种旁若无人的态度唬住了。

朱大哥，就是朱嫣红的爸爸，却和以前没什么两样，他学会了看到别人就低头哈腰，特别是看到郝阿婆，总是满脸堆笑，老是说："郝大姐啊，你可是我的再生父母，我保证以后不会再做傻事情了！"又因为他拿到了祝老师的那封信，似乎就很轻易地减轻了他的罪状；这样一来，他那个"小偷"的形象，在很多人的眼睛里似乎并不深刻。

郝阿婆可是很得意，似乎整个弄堂都在她的掌控之中。因为这一连串的事情，她这个居委会小组长的威信，是没有人可以动摇的了。

还有思妈，小小现在不再小瞧思妈了，她觉得思妈其实比郝阿婆更有意思，爸爸说过，人不知而不愠，不亦君子乎。她觉得，思妈似乎就是这样一个"君子"，将自己隐藏封闭起来，不让别人去探究她的过去和曾经的风光无限。

不过，自从小小他们发现了思妈的那个百宝箱以后，思妈还是有一点变化的，不知道是心情好起来了，还是别的，反正她比以前和蔼了，话也多了起来。

小小坐在家里做功课的时候，偶然会想起思妈曾经向她描述过的她家原来的样子。

那天思妈的心情很好，思妈说："小小家啊，原来是我们家的客厅，那里放着一圈牛皮沙发，还有一只带拨盘的电话机，是家里来了客人聚会的地方。"这话让小伙伴们都睁大眼睛露出不信任的样子。

思妈看看大家，很肯定地说："你们不信的话，可以让小小现在就回家去找找，她家的墙壁上一定还留有一个电话插头的痕迹，还有，地板上有一个洞，就在靠近门的地方，那是有一次女佣不当心留下的。"

小小就在一旁点头，每次扫地，她会偷懒地将灰尘都扫到门口的那个洞里，偶尔也会好奇，不知道洞的里面，会是什么样子的。

小小放下手上的笔，环顾如今放满家具的房间，想不出来，如果这房间只放着几只牛皮沙发会是怎样的气派和儒雅。

是不是思妈那时候经常穿着好看的旗袍，从郝阿婆家的阳台穿到她家的阳台上，然后打开她家的阳台落地门走进客厅，手里拿着一个精致的花瓶或者一把雕刻细致的茶壶。可是，现在，这里一点这样的影子也没有了啊！

小小忍不住感叹起来，比起暑假还没有开始时候在弄堂里跳着橡皮筋疯玩的日子，她觉得自己在经历了长长的暑假，一脚踏进这个多事之秋的时候，渐渐有了心思。

思妈，祝老师，白娘娘，郝阿婆……还有那么多奇特的故事像是事先约好了一般，统统在这个秋天猛然闯进了小小的生活中，镌刻进她的记忆里。

这些，让小小12岁的心灵莫名地探究起这些事情背后的一点深意，她甚至会为这些事情背后的世事沧桑担忧起来……

老法人会说，每一个本命年都是人生的一个坎，需要小心翼翼度过。

那么在属于小小的这第一个本命年里，她确实体会着与以往不一样的心情。她发现自己不仅有了心事，藏着秘密，而且学会了思考。

她有时甚至会无端地站在自家三楼的阳台上，低头看着这条有点历史的弄堂发呆，心里有一种说不出道不明的沉重。

这个秋天，似乎与往常有太多的不同！

这条弄堂，似乎与往常有太多的不同！

这些不同，让小小在以后很长一段时间里，面对秋天会心生一点害怕，似乎不经意间，就会有些什么沉重的事情莫名其妙地发生了！

五、温暖还是有的，当小小遭遇着身体变化显得局促不安的时候，是白娘娘绵绵的话语，带给了她一份别样的温暖和感动，也因此激发了她与白娘娘之间的缘分。

一

日子一天天过去，秋天肃杀的风刮起来了，梧桐树那金黄色的叶子，纷纷飘零，无花果树已经变得光秃秃。

深秋到来了！

开学以后，弄堂里疯玩的人就少了，日子变得稀疏平常起来。

小小和圆圆还是会在一起说说悄悄话，有的时候话题就会落在白娘娘或者思妈身上，两个小女孩似乎是到了情窦初开的年龄，对一些话题关心起来，也敏感起来。

每次讲到这样的话题，小小的心里就会生出一点遗憾，就是她始终没有再找机会去听听白娘娘的解释。

关于弄堂里人们对祝老师和白娘娘的指责，她总是将信将疑的，她曾经在心里为他们找寻了很多的理由，却又一个个被自己推翻了。

好在伤心的事情，对她这个年龄的女孩来说，总是暂时的，学校生活的丰富多彩，作业，游戏，课外活动，很快又让她恢复了往常的快乐笑容。

弄堂里发生的一切，随着时间的推移，新闻渐渐成了旧闻，人的记忆是有选择的，时间长了，很多事情也就没有多少人去关心了。

一切都在慢慢进入正常的轨道。

这天，放学回家的路上，小小和圆圆他们背着书包一路奔跑，一路欢笑，他们扫过之处，一地金黄色的落叶，衬着他们笑盈盈的背影，在街道上形成一幅好看的水墨画。

“快，看谁追得上我啊。”圆圆始终跑在前面。

“慢一点，圆圆，你慢一点啊。”小小渐渐跑不动了，不由得慢下

了脚步。

她隐约感到身体中有什么东西，像是要爆发出来，那种坠落的感觉，在这一天中，已经有好几次了。

怎么了？我的身体怎么了？她将书包朝肚子前移了一下，试图抵住身体里袭来的那种坠落的感觉。

似乎这不是痛，也不是酸，而是一种胀，一种难过。

难道自己生病了？

她放慢了脚步，忍不住蹲下了身子。

忽然，小小感觉浑身一阵不舒服，特别是肚子，痛得她头上都出汗了。

身体里有一些什么在流动着，好像要喷涌而出！

她不由自主地弯下腰捂住了肚子，好几个小朋友即刻围了上来。

“小小，怎么了？快，马上要到家了，坚持一下吧。”圆圆返回来关切地扶住小小。

“呀，不好了，她下面出血了。”随着一声惊慌的叫声，大家七手八脚地将小小抬了起来。

“怎么会这样啊！送她去医院，还是回家？”连圆圆也没了主意。

“要不回学校找老师吧。”

“老师都下班了，还是先送她回家吧。”

正在大家蹲在小小旁边七嘴八舌的时候，金黄色的树叶旁，多出了一双乳白色的船鞋，有人低下身子，一个好听的女中音在问：

“怎么了？我可以帮帮你吗?”

“她流血了，要不要送……”圆圆说到这里，抬起眼睛一看，“呀”了一声，张着嘴把后面的话硬生生吞了回去。

从白色的船鞋望上去，圆圆看清楚了，那个好听的女中音来自白娘娘。

白娘娘可不管这些，她一看这情形，就明白了大半，马上蹲了下来，用手托住小小的腰，然后对手足无措的孩子们说:“来，我知道是怎么回事，让我来照顾她，我会解决小小的难题的。”

小小的心顿时有了一点安定。

那是图书馆之后，小小和白娘娘第一次面对面靠得这么近。

肚子还在疼，正是自己最难过的时候，小小没有办法表达出自己的感受，但比起刚才，不知道是不是心灵感应，她忽然就觉得有了安全感。

大家一下子愣住了，不知道该不该将小小交给眼前这个女人。

自从发生了那件事后，白娘娘就成了孩子们不齿的对象，郝阿婆说，她是个不要脸的女人，小孩们多半很容易跟着大人的思路走，所以，有一度，只要看到她走进弄堂，就会有人跟在后面起哄，怪声叫上一句什么。

为了这个原因，后来大家干脆就再也看不见白娘娘的身影了。

可现在，眼看着周围没有一个大人，而小小又那样地无助。

似乎是无奈，圆圆征询地看看小小，又看看大家，点点头接受了白娘娘的安排。

“来，先扶小小到我家休息一会吧，等到她妈妈回来还要一段时间呢，我会帮她处理好眼前这个问题。”白娘娘不由分说就招呼小伙伴们将小小扶进了弄堂，扶到1号楼，扶进了二楼她的家里。

二

小小一副无助的样子，被大家搀扶着进了白娘娘的家，躺在她家的大床上。

白娘娘家里很乱，和夏天的时候小小看到的有很大的不同。

见小小安顿下来了，白娘娘对孩子们说：“好了，没事了，小小我会照顾的，你们回家做功课吧。”

圆圆不放心地看看脸色苍白的小小：“小小啊，你自己当心点啊！”

小小点着头，开始生发出一点不安和排斥。

而她的内心，却固执地觉得自己找到了一个安全的港湾。

两种心理在她的心中矛盾着，她说不出自己为什么会这样忐忑，又这样安定，也许，在她的内心深处，她一直在找寻这样的机会，她曾经答应过白娘娘要来听她解释的，可是，可是，后来她自己也胆怯了。

是不是，这次的邂逅就是老天爷为她们制造的缘分吧！

很多年以后，小小想起自己几乎是无奈地走进白娘娘家的那一幕，想起在一个女孩最脆弱最需要安慰的时候遭遇了白娘娘绵绵的照顾，她还是会感叹，并且坚信，这样的机缘巧合，正是老天爷在为她和白娘娘创造的一种相遇方式！

大家走了以后，白娘娘从抽屉里拿出一包用土黄色纸包着的纸团,然后安静地坐在床头打开了包装,小小看到,白娘娘从里面抽出一卷棉花,将棉花平铺在床上,然后她起身从五斗橱的抽屉里拿出一把剪刀,重新坐回床边将棉花剪成长方形的一段一段,她一边做着一边问小小:“你 12 岁了吧? 没有人告诉你这是老朋友来了吗? 你妈妈没告诉过你吗?”

小小安静地看着白娘娘,她懵懂地摇摇头,然后又似乎明白一般地点点头。

小小隐约知道女孩子长大会有一点麻烦,妈妈有时会抱怨说腰酸啦,要躺一会啦。好像是提到过“老朋友来了”这样的字眼的。

但因为和圆圆是死党,圆圆又比小小大一岁。她总以为这样的事情应该会先发生在圆圆身上。

所以确切地说,对白娘娘说的,她只是有一个模糊的概念。

白娘娘笑了:“究竟是知道,还是不知道呢? 好了,这个我们呆会再说,来,你先跟我到厕所来吧。”

白娘娘拿出一个粉红色的带子和一段棉花,扶着小小走进了厕所。

“你不用担心,一切都很正常。”她轻轻地安慰道。

小小只是被动地接受着,脸上连一点表情也没有。

白娘娘倒了盆水,轻轻地帮小小将身上的血擦干净,然后又手把手地教她,带上了那个粉红色的卫生带,垫好了棉花。

所有的一切都在默默中进行,白娘娘没说话,小小也没说。

虽然安静,却不由分说,顺理成章。

小小说不清内心的感受,有一点诚惶诚恐或者说疑惑和不安,也有一点笃信，夹杂着，混合着，她于是乖乖地听任白娘娘的摆布，一一照做。

白娘娘轻柔的动作，给了她一种温暖和感动，让她本能地从原先的排斥转向另一种态度。

收拾停当以后，白娘娘让小小到房间里去休息一会，自己又忙里忙外地帮她把脏裤子洗了，然后还泡来一杯红糖水递到小小的手里。

“吃了就没事了。”她微笑着说，然后将小小安放在沙发上，自己也在小小边上坐好。看着她将甜水一口口送进嘴里。

“听着，女孩子长到一定的年龄，就会开始发育成熟。然后，从某一天开始，每个月会来月经，你会觉得有几天不舒服，就像今天这样，肚子会痛……”白娘娘终于坐定了，轻言慢语地开始叙说，“但你不用担心，也不用害怕。因为，如果你知道，这其实是每个女孩子都要经历的事情，而且，只有这样，一个女孩子才会长大，你也就没什么可担心的了。”

小小第一次从一个大人的嘴里，听到关于女孩子身体变化的过程，而且是从这个如今被弄堂里很多大人讨厌的白娘娘的嘴里，这让她忽然就对白娘娘多了几分好感。

从自己的感受出发，她想，如果一个人，能这样关心一个女孩子身体的变化，可以如此平静如此温柔地告诉一个女孩关于身体的变化和成长的心情，能够这样和颜悦色地去帮助身边的一个女孩，那她就一定是一个富有同情心的好人。

女孩的心，有时要比成人更敏感，也更接近真理！

小小对白娘娘有了这起码的信任，话匣也就打开了。

“是不是每个女孩子，都会有这一天呢？”这是她进白娘娘家门后，说的第一句话。

“是呀！因为只有经历了这一过程，你才会一天天长大一天天成熟起来，才可以在有一天做一个母亲。”白娘娘说这个话时，眼中明显有一种憧憬。

这言语，和白娘娘眼中的光彩，忽然让小小想到了未来，她的，亦或是白娘娘的！

小小曾经梦想过的未来，那未来里应该有一个英俊的白马王子，有好看的白纱婚裙和许多美好的遐想……

她忍不住笑了：“是不是来了老朋友后，我就能像你们大人常常说的那样，谈恋爱了，然后结婚？”

“哪里那么简单啊，这只说明你在慢慢变化，还要等到你的心智慢慢成熟以后，才会真正理解成人的世界呢。那，还有好长的一段路要走呢！”

“是吗？很长的一段路？这样啊。”小小显出恍然大悟的样子，摸一下还在隐约疼痛的肚子，羞涩地说，“我现在觉得，长大这件事情，其实也蛮好的哦。”

白娘娘摇着头，脸上露出一丝苦笑：“长大可不全是好事，你看我，活得多累！”似乎不经意间，这个话题触及了她的伤心往事，她低垂下眼帘，默默地想她的心事。

这个时候，小小看到，白娘娘的脸上有一层不易察觉的疲惫和苦涩！

“我没有对任何人说过,真的!”小小马上感觉出了白娘娘心灵的疲惫,一直想说的话终于出了口,“可是,为什么你们要这样呢?”

“我知道的。为什么?因为我们真心相对,这个,很难和你解释,不过,我们会好起来的,只是需要时间。”

我们,白娘娘居然用“我们”这两个字,小小将刚刚对白娘娘建立起来的一点好感又扑灭了。

“我们?”小小问。

“祝老师说,你是个善解人意的女孩子,他还说,你的将来会很好很好的。你不用为我们担心。”白娘娘不管不顾地继续说。

祝老师?听到这三个字,小小本能地往后一缩,她愿意别人说她好,这话如果早说几天,会让她开心得睡不着觉的,可现在,小小从这话里听出了一个事实:白娘娘和祝老师一直都在联系。

“你们还在……”小小不知道该怎么表达,话滑到嘴边就卡住了。

白娘娘点点头:“小姑娘,不是他们说的那样的,我马上可以拿到离婚证书了,这以后,我们两个将都是自由的,我们……这个说来话长,以后有机会我慢慢告诉你。”

“离婚?”小小像是又听到了一个天方夜谭的故事。

白娘娘点点头,脸上藏不住的笑容绽开着,停顿了有一分钟,像是下定决心,白娘娘又说:“小小,你要相信,我和祝老师是真心相爱,或者,你至少应该相信祝老师他的为人吧?”

小小疑惑地看着白娘娘,她知道白娘娘的话里有话。

果然,白娘娘有点勉强地笑了:“我知道我不应该这样要求你,可是,可是,就是,你,你能不能帮我们做一次交通员呢?"

说着,她从抽屉里拿出了一个淡蓝色的信封来。

……

三

受人点滴,当涌泉相报。

小小将那封淡蓝色的信封塞进祝老师家的门缝时,这样安慰自己。

她发现自己的心里很快乐,如果一切真像白娘娘说的那样,那就好了。

这快乐的另一个原因是,就在刚才,白娘娘已经很自然地把自己当做一个大人来对待了。她想也没想,就决定把这个秘密藏在心底,谁也不告诉,连死党圆圆也不告诉!

白娘娘说她将要自由了,那么,祝老师就不再是可恶的第三者了,可是,可是,那么英俊那么有才的祝老师,为什么非要去喜欢离过婚的白娘娘呢?

离开那扇不再洞开的房门时,小小也有点难过,原本这扇门里面,有一个让她多么向往的世界啊,可是,可是,自从抓住了朱嫣红爸爸,抖落出那个属于祝老师和白娘娘之间的秘密之后,一切怎么就不由自主地改变了呢?

是不是认识一个人真的很难?

"因为人常常是有很多面的,不是一个简单的好字或者坏字就可以区分的,所以,你应该学会慢慢观察,细心体会,而不要妄下结论。这个你长大会渐渐了解的。”爸爸是这样解释的。

有了第一次送信的经历后，几天以后，当白娘娘说要找小小再帮一次忙时，她就在犹豫中又一次走进了白娘娘的家。

她犹豫，是因为妈妈知道白娘娘照应小小的事情后，一边说着感谢的话，一边依然关照小小，好好读书，别管闲事，也别太靠近白娘娘。

“你还太小，不明白的事情少问少管。”妈妈这样对她说。

但小小还是去了。

从内心中来说，也许她更想关心的是祝老师的未来。多么慈眉善目的一个人啊，那一直是小小的偶像哎！

小小曾经还不止一次地想，等长大一点后，她要悄悄喜欢上一个和祝老师一样好一样帅的男孩子。她实在不希望自己眼前这样一个美好的形象被击倒。所以，与其说小小是去探询白娘娘的秘密，不如说她更多一点地关心着祝老师。

小小敲响了白娘娘家的房门。

“你们为什么不去和大家说个清楚？你不是说离婚证已经下来了吗？”看着又一封淡蓝色的信赫然眼前，小小忍不住问道。

“小小，等你再长大一点，我想你会明白的。有句话叫此地无银三百两，很多事情不说还好，越说越错。何况我为什么要去解释呢，我只是在寻找属于我自己的幸福，我知道我没错。”

“可为什么偏偏找祝老师呢？你没看到他现在走路都低着头吗？”小小有点想哭。

“小小，请你相信我。”白娘娘叹口气说，“你知道吗？那个所谓的我老公，他从来没把我当人。而祝老师非常尊重我，他们是完全不一样的。有比较我才知道珍惜，我有追求幸福的权利！”

“幸福，你们现在连走进弄堂都躲躲闪闪的，会幸福吗？”小小问。

白娘娘沉默了。

小小又说：“我也许还小，弄不明白你们的世界，可我想知道。”

“小小，给我点时间，也给我们一点时间吧。相信我们，好吗？”白娘娘期待地望着小小。

小小艰难地点点头。

她真希望弄堂里的人全错了。

“小小，有一天你也要长大。希望到了那天，你可以不必像我那样去过被别人安排好的生活了。”白娘娘最后说，“如果让你为难了，我很抱歉。你走吧。”

小小摇头。

从这天起，淡蓝色的信封，每隔一段时间就会从白娘娘的手中，通过一只小小的手传递到那一扇门里。

四

秋天就这样无声无息地溜走了。

天越来越凉了，已经有了初冬的感觉。

小小呢，成了这肃杀的秋天里白娘娘和祝老师心中的一点光亮。

因为身体的变化，她有时会刻意躲开小伙伴们探究的眼光，还因为心中藏着的秘密，她情愿躲在白娘娘的屋子里听她讲一些久远的故事。

就是这段时间，她渐渐走进了白娘娘的心灵深处！

白娘娘说，他曾经也有过无忧无虑的日子，单纯快乐，对未来充满憧憬。

但 19 岁那年的夏天，一切都无情地结束了。

她被上山下乡的号召送到了遥远的黑龙江“修地球”，一去就是好几年，就在她对未来不抱任何希望地在那片土地上艰难度日的时候，来了一个机会。

一个部队转业的干部被她的美貌所吸引，告诉她，只要愿意和他结婚，就可以回到上海，分进工厂，过享福的日子。

白娘娘心动了，她相信权力的力量。何况，那段日子，那个男人用尽办法讨好她，让她相信这个人会成为她未来的依靠！很快，他们登记结婚。然后，事情进行得非常顺利，她果然回到了上海，进了现在这家纺织厂，还分到了这间房子……

她成了她们那一帮小姐妹中，最令人羡慕的一个。有那么一瞬间，她以为自己找到了幸福。

可是，好景不长，结婚没多久，那男人的坏脾气就完全显露出来了，酗酒，骂人不说，还经常带别的女人回家。

因为白娘娘做的是夜班，常常在早上回来时，发现床上躺着的不止他一个人！

白娘娘哭过，闹过，但毕竟要面子，都说家丑不可外扬，所以，后来她决定沉默，默默过自己的日子。

不久，有人把他的那些丑事告到了单位，那男人被劳教。

她一个人悄悄地过着日子，独自漫漫，虽然有很多不方便，但平静，太平，有时候，想到未来，她就感到心灰意冷，一直到祝老师出现。

白娘娘说到这里戛然而止。

但小小看得出，祝老师如今成了白娘娘的支柱。

“未来还是要我自己来把握的，你说是吗？”她最后说，“所以，我去了法院，我必须还自己一个自由身，我要幸福，我未来的日子还很长呢。”

未来真的会美满吗？小小看着白娘娘，她在想，美丽的憧憬与现实之间，会有多远？

小小后来常常会说，正是因为遭遇身体的变化，包括因此与白娘娘相处的这段日子，成就了她对爱情最初的理解和遐想，不管这些会在以后的岁月里，带给她怎样的遭际，她都已经无法释怀地接受了。

白娘娘和祝老师的故事，让她相信，一个人去喜欢上另一个人，无论如何，应该看做是一个美丽的开始。

第三篇章 冬之期盼

冬天来了，大地沉静在白色的梦幻中，北风呼啸而来，小小却在期盼可以从这寒冷的冬的世界里，寻到一点温暖……

——题记

一、水管事件，真有点叫人暗自好笑，谁也没有想到，就在 1 号楼和 2 号楼做出不同的决定的时候，另一个变化正在悄悄进行着。

一

小小不喜欢冬天。

不喜欢的理由有很多，最主要的一条，和厨房外那个朝北的晒台有关，晚上，天色暗了之后，那里的北风呼呼的，站得时间一长，就会冷得起一身鸡皮疙瘩。

但是，每天晚上放水的事情，一直是小小和小乔的任务。

如果偶尔哪天贪玩忘记了，第二天全家可就要遭殃了。

其实，同样的，圆圆也一直抱怨，住在三楼最不好的一点，就是必须忍受没有水的生活。

这天，屋外一直在下雨，做完功课，已经快 10 点了，小小打了个呵欠，不情愿地去了晒台——今天轮到她放水。

说起来真的有点好笑，如果你有幸经过 2 号楼的那个晒台，你会发现这里和别处很大的差别，就是在晒台的一角，并排放着两只大缸，那感觉就像农村没装上自来水的地方一般的原始。

可是，这水缸对于小小和郝阿婆两家来说，可是派了大用场了，那是他们用来储存水的。

水的问题，在 2 号楼里，受影响最大的当然就是小小家了，郝阿婆家虽然也住在三楼，可郝阿婆白天在家，大家上班的时候，楼下没人用水，三楼的水龙头里还是可以放得出水来的。

但小小家就不行了，等到他们一家好不容易放了学、下了班回家的时候，正是家家户户做饭、烧菜的高峰，三楼晒台上的水龙头里，根本流不出一滴水来！

那时候，就要靠水缸里储备的那些水来唱戏了。

于是，在小小和小乔的家务表上，除了洗碗和收拾桌子之外，每天多了一项任务，就是到晚上别人都休息以后，负责将水缸里的剩水倒干净，然后放满新的水，等着第二天派用场。

今天正好轮到小小做。

晒台上的北风可不小，小小不由得打了个冷战，雨还在密密地下着，这鬼天气，让小小的心里生出一些厌烦来。

小小也不顾天还下着雨，屏一口气，冲进了晒台。

她熟练地拿起一根皮管子，用手捂住两头，放进了水缸里，等水管的两头都浸没了，她将一头从水缸里拿出，顿时，缸里的剩水就被引了出来，这是虹吸现象，四年级的自然常识课上老师说过，还做过实验呢，但每每看到缸里的水流出来的时候，小小总会盼望，如果哪天来个神奇的老爷爷，可以将一楼水管里的水一下子引到三楼的晒台上，那该多好啊，那样的话，会省去她和小乔多少麻烦啊！

水缸里的水还没弄干净，小小发现雨好像停了，奇怪，水缸里明明还有点点滴滴的雨点子，自己怎么感觉不到下雨了呢？

她很狐疑地抬头望望天，却看到头顶上有一把黑色的雨伞，谁这么好心？

小小刚想叫出声，一回头，已经认出来了，撑伞的居然是很久没有露面的祝老师。

小小一边将水管从缸里拿出来，一边吐着舌头朝祝老师笑了笑，算是打招呼。

“下这么大的雨，还来放水？”祝老师的声音很轻。

“是呀，否则明天就要断档了。我很快的，你有事吗？”小小问。

一直帮他和白娘娘送信，但小小只是将信塞进二楼他家的门缝，她不敢去敲祝老师家的房门，生怕被大人知道了挨骂。

同样，祝老师会在厨房小小家一个不用的抽屉里悄悄放上回信。

“不是，只是来看看你。也想好好谢谢你，小姑娘。”祝老师说着，将雨伞交到小小手里，然后，他帮着小小用力将水管的一头插到水龙头上，另一头还放在水缸里，打开了水龙头，即刻传来了哗哗的水声。

只有到了晚上这个时候，才可以听到水龙头里哗哗的流水声。

“我们学校看到了白娘娘的离婚证书，我们两个没事了，我想这消息应该第一个告诉你，就等你放水的时候，特意来的。”

“太好了。可以告诉弄堂里的大人了吧？”

“不用了。”

“为什么不解释一下？”

“你不明白的。我怎么会想到那信会被偷了……那时候法院来没判下来，你说我们怎么解释？”

小小若有所悟地点点头。

“这是我们之间的秘密哦。”

小小庄重地点点头。

“好了，水快满了。”祝老师点一下小小的鼻子，“我该走了。”

他的话音没完，就听到楼梯上缓重的脚步声，是郝阿婆，这脚步声谁都听得出来。

“糟了。”祝老师小声地嘀咕着。

“吆，祝老师啊，好久没见你了。你这是……”

“哦，我来烧点水。”祝老师说完就收起伞走进旁边的厨房。

小小也关了水，抖一下身上的水，离开了晒台。

小小回到房间的时候，整个人还是淋湿了，妈妈怜爱地拿出条干毛巾，叹口气说：“哎，一直说要换大水管，怎么又没声音了呢？”

“好像快了。我今天听到1号楼有人说，房管局已经派人来看了。”爸爸说。

小小很想告诉妈妈她遇到祝老师的事情，但她忍住了。就搭讪道："真希望那一天快点来啊。"

"是呀，天越来越冷了啊。"妈妈说，"快擦擦休息吧。"

小小的头发还没来得及擦干，门口传来了郝阿婆的声音：

"小小妈妈，还没睡吧，"接着，门被打开了，"小小妈妈，你出来一下啊。"

小小的心里一阵担心，她知道郝阿婆找妈妈，一定是为了刚才看到祝老师的事情，可是，祝老师说了要她保密的呀，该怎么和妈妈说呢？

看妈妈闪出了房门，小小的脑子里激烈地斗争起来。

果然，妈妈一回房间就问小小："你刚才放水碰到祝老师了？"

小小点点头。

"你们说话了？说了什么？下雨天的，他到那里干什么？"

小小摇头。

"郝阿婆说得不错，这样的人，居心叵测的，以后不许你们说话。"

"妈妈，祝老师不是坏人。"

"不说了，先睡觉。明天再说。不过，你给我记住，少和弄堂里的人来往，读好你的书要紧。"

二

果然，没几天，换大水管的事情，有了进展。

先是到了吃晚饭的时候，有人专门来三楼看了水龙头出水的情况，然后在一本什么本子上记了下来，说是在测试高峰阶段的流水量什么的。

然后，到了晚上，又有人来敲小小家的门，说是调查一下三楼没水的情况。

那人穿着蓝色工作服，坐下来也不寒暄，直接进入主题，问了许多和水有关的问题。而且始终用一种表示同情和理解的表情看着小小他们，这让小小他们感觉很亲切，于是话匣子也就打开了。

大家似乎都知道，这次谈话很重要。

于是，一家人像是看到了救星，七嘴八舌讲了一大堆困难。

“这没水的事情，说起来不是什么大事情，可每天要用水的时候还真不少，遇到没水，也真烦人。

“烧水做饭要用，洗刷清洁也要用，又是两家合用的厕所，于是，麻烦就来了。

“郝阿婆家的人多，厕所里始终也空不出来，和他们抢，要摆点本事的。

“特别是夏天洗澡的时间，小小他们总是谦让再谦让的，天天都等到很晚很晚。暑假里还好，反正第二天不用上学，开学后，天天很晚休息烦恼就来了。

“有的时候，哪怕厕所抢到了，水却没有，还是要等待，所以呀，最好能早点换成大水管啊！”

结论就这么说了出来。

“是呀，你们这里的管子是四十年前铺的小管子，旧了，老化了，肯定是要换的，你们呼声高一点，自然会快点！”

“那，要不要我们写信给政府？”

“那倒不用。我这不来了？好了，”那人站了起来，看看表，“时间不早了，我还要到隔壁去，打扰你们了。”

“好的，好的，隔壁他们人多，应该比我们更有体会的！”

一家人把客人一直送到门口，心里觉得很畅快，想到多年来困扰的问题即将解决，大家都很开心。

事情很快有了结果。

不到一个星期，房管局的消息来了，只要大家一致同意，政府将出资为两幢房子更换大水管。

最开心的，当然要数两幢房子三楼的人家了，小小听到这消息的时候特别舒畅，那种感觉，像是长久的疲惫忽然得到了释放，终于可以舒一口气了。

于是，即便晚上仍然要去为明天准备一缸水，但小小觉得现在是有期徒刑了，她想，这样的日子，不会很长了。

1 号楼思妈很积极，很快就先交上了由 1 号楼全体居民签字的同意书。

才过了两天，工程队开进来了，地上的水门汀被挖了开来，大家的脸上都洋溢着笑容，好事情嘛，谁不开心？

听说，等 1 号楼完工，就可以轮到 2 号楼了！

不过，房管局的人说，2 号楼那张需要全体居民签字同意的纸头可是一直没交上来。

郝阿婆这次怎么会落在思妈后面了呢？小小没想明白。

三

星期六下午，放学的时候，小小看见郝阿婆正在和一楼的两家邻居说话，看到小小走进过道，她挥挥手就忽然不言语了，这让小小警觉起来，有什么话是不能让小小听到的呢？

小小上楼就和小乔说："郝阿婆可能在楼下说爸爸妈妈的坏话，你从后门猫过去，听听。"

这是小乔最喜欢做的事情，他立即就行动起来了。

果然，郝阿婆还在那里。

"就是，如果水费高了就划不来了。"

"我也是这个意思，哪里会有不付代价的事情，明天嘛，我的意思是，缓一缓看看，你们说呢？"是郝阿婆的声音。

"当然，我们都听你的。"

……

小乔一听，和爸爸妈妈一点关系也没有，就退了出来。

晚上，小小爸爸得到郝阿婆的通知：明天早上要开会，讨论装水管的事情。

星期天一早，2 号楼所有的家庭都派出了代表，聚在两楼和三楼中间的那个晒台上。

两只水缸赫然立在一边，好像要旁听这个重要的会议。

小小和 2 号楼的好几个小伙伴也挤在旁边，真很好奇。

"这个还要开会？人家 1 号楼思妈根本没开会，就把字签了，现在都快装好了呢。"

“不一样的，思妈有思妈的想法嘛！”

人挤得越来越多，议论声不断，小小注意到，祝老师也在当中，这让她心里特别高兴，看来，真的像祝老师和白娘娘说的，他们自由了。

可是主角郝阿婆却一直没出现。

“开个会也好，哎，再过两天，它们就真正解放了！”爸爸指着水缸笑着说，“我们三楼，可是受够了没水的苦啊。”

“快去叫叫郝大姐吧，说人都齐了，就等她。”有人招呼着，让小家伙去三楼叫一声。

几分钟后，郝阿婆姗姗来迟，她一到，立刻清清喉咙说：“大家都到了，这样哦，房管局说，要来帮我们装大水管，还说，要所有的住户签字同意了，才开工。我是居民小组长，这事情，我想了想，还是充分发扬民主，大家说说，是装，还是不装。”

大家都不说话。晒台忽然安静得有点令人窒息。

见没人发言，小小爸爸急了：“这事情不用多讨论了，我们三楼一直没水，别的不说，耽搁时间啊。别人可能不清楚，郝大姐是最清楚的，夏天我们家想洗个澡，要等到十一二点呢，现在政府为我们老百姓做好事，来换管子，我们当然应该积极响应，又不要我们花钱，天大的好事啊。”

“是呀，人家1号楼，思妈是小组长，还住在一楼呢，什么也没说让大家把字签了，都快完工了。”祝老师跟了一句。

“咗，祝老师，你对1号楼的情况很了解的嘛。”郝阿婆忽然说。

祝老师没有防备，脸也红了。

"哎呀,我才知道,人家白娘娘现在离婚了,自由身啊,祝老师呀,什么时候请我们吃喜糖?"郝阿婆继续发挥。

祝老师低下头,闭紧嘴巴不说话了。

小小站在一边,有点着急,明明是来讨论装水管的,怎么就说到这上面去了呢? 郝阿婆真是太厉害了。

"先不说这个,我们还是来讨论这换管子的事情吧。"小小爸爸及时转回了话题。

"就是,就是!"看来郝阿婆也意识到了这个问题,赶紧说。

"可是,我听说换了大水管以后,水表转得飞快,每个月的水费就要涨上去了,这可是牵涉到家家户户的钱啊!"是朱嫣红妈妈的声音。

"这倒是个问题。"所有人都嘀咕起来。

一楼有人说:"我们住一楼,反正总归有水用,不情愿水费涨上去的。当然,我们不方便说什么,换不换的,我的意思,应该让三楼小小爸爸和郝大姐他们两家来决定。"

"就是,就是!"大家附和着。

"大家再说说吧。"郝阿婆似乎还在充分发扬民主。

"我们住二楼的,随便怎么都可以,没有紧迫感。"

小小爸爸忍不住先表态说:"我觉得必须换,这是好事。以后可能就没机会了。而且,我们现在这样用大水缸,每天倒掉很多水,也很浪费的。"

所有人都看着郝阿婆,想来她比小小爸爸要关键,也更有发言权。

郝阿婆一副胸有成竹的样子，又清了清喉咙，慢吞吞地说："我已经打听清楚了，水管大，出的水多了，舒服是舒服，但用水确实就费，水费肯定就往上跑。像我们家人这么多，怕是要高不少啊。"

这算是一个开场白，很多人都点头表示认可。

"我昨天还问了在1号楼装水管的工人，他们也说水费会上去的。"

她顿了顿，看看小小爸爸，才又说："现在最主要的问题是，小小他们家用水的问题。我以前不太注意，他们是双职工，孩子还要上学，而我有的是时间，可以照顾他们先用。这样吧，大家如果都不愿意装，我也同意不装，反正我在这里表个态，以后碰到用水的问题，我家总先让小小家用。"

"到底是小组长啊。"

郝阿婆手一挥，最后表态说："这样，我们就和房管局说，这次先不换了。"

"这水管都老化了，用了很多年了，我看还是换吧，一劳永逸，让我们先用，问题也没解决啊。"小小爸爸的声音响了起来。

"我们一楼能不换，当然不换。"有邻居说。

"二楼也无所谓。"朱家也开口了。

小小爸爸还想说什么，但大家似乎已经认同了郝阿婆的话，纷纷站了起来，拍着屁股离开了。

就这样，会散了，2号楼的决定是不换水管，一切照旧。

四

这个结果，似乎在意料之外，却又在情理之中，小小想起语文课上老师曾经教过的这个成语，觉得用在这里很贴切。

小小爸爸回到家，一肚子的气，一直到坐定在家里，他才醒悟过来，这个会就是为他开的，什么发扬民主，从一开始，郝大姐就是有备而来的，毛老头说得好，“不打无准备的仗”，她真是充分利用了自己居民小组长的这个权利啊。

“郝大姐这个官，看来做得很有点水平！”爸爸想明白了，笑着对小小妈妈说。

小小听爸爸这么一说，也终于明白了昨天下午小乔听到的那一幕情景——原来，郝阿婆在开会前都串通好了。

只有一点让小小高兴，开会那天，祝老师终于出现了，似乎他这一现身，说明很多问题已经解决了。

虽然整个开会期间，祝老师话说得很少，但毕竟，他的出现，让弄堂里风言风语完全消失了。

一切渐渐恢复了正常。

郝阿婆履行诺言，大概有整整三天，每天都让小小家先用水。

但以后，又渐渐恢复了原样。

忽然有一天，小乔发现，其实他们家的房间和隔壁的厕所是合用一个墙壁的。也就是说，如果在厕所朝着墙壁发一个暗号，房间里的人就可以收到。

这发现太伟大了。

郝阿婆他们家的办法,是一个人洗好澡,人不出来,扯开嗓门大喊:“我好了呀,快点准备!”

于是,后面的人一个个不断跟上……

现在,只要有一个人找准机会进了厕所,接下来的事情就可以悄无声息地进行了。

轻轻朝墙壁敲三下,房间里的人就知道,于是,下一个赶紧准备,真是神不知,鬼不觉。

这样一来,小小一家也可以在厕所进出自由了。

……

水管事情以后,小小明白了一个道理!

权利真是个好东西。像郝阿婆这样一个居民小组长,就可以主宰2号楼那么多人的命运。

1号楼水管接通的那天,真是热闹。

不知是谁弄来了几挂炮仗,噼里啪啦放了很长时间。

而2号楼的邻居,出来看的时候,脸上都带着不自然的笑容。

因为2号楼的那个会开好不久,事情就传到了房管所,被人家当做了笑话,人家说,这么多条弄堂跑下来,这么多幢楼的水管装下来,还没碰到过开了全体居民的会议,一本正经拒绝的呢,呵呵,你们这楼里的人眼光真是太“独到”了。

不过,人家继续说,不装只有省心,我们呀,尊重你们全体居民的集体意见!

二、思妈像是变了一个人，圆圆说也许分离就在眼前，真的会这样吗？

一

天渐渐冷了，弄堂又一次变得热闹起来。

花园里的梧桐树没有了叶子，光秃秃的，看不到一点生机；无花果树的叶子也渐渐飘零了，只有冬青依然绿在那里。

手伸出来，已经有了一点冷意，冬天，真的要来了啊。

即便在这样的季节，小小他们也不在意，照例可以在弄堂里从傍晚玩到天黑，一直玩到跳橡皮筋跳得出了汗，眼睛都看不清跳跃的黄色橡皮筋的时候，才恋恋不舍地回家。

可是，这个冬季似乎有点特别。

这个特别呀，按照圆圆的说法就是，大人们居然懒得管我们了，肯定有大事情要发生。

圆圆说得很有点道理，先说郝阿婆吧，本来弄堂里只要稍有点声响，她是最啰嗦的一个，可是这一次，她却没了声音。

再说思妈，就在1号楼的水管换好不久，从房管所传来一个惊人的消息，1号楼的房子要都还给思妈了。

事情有很清晰的来龙去脉，说是思妈暑假的时候去了房管局，带去了一张房契，房管所正在调查它的真实性。如果可以证明房子是思妈的，那么1号楼的居民将陆续搬走。

其实连小小和圆圆她们都知道，这房子肯定就是思妈家的，那些关于弄堂的掌故，无花果树呀，井呀，思妈说起来如数家珍；还有婚纱照呀，家具呀，还都立在那里，述说着过去这里所发生的一切，这些全可以证明，这房子就是思妈的。

据说，“文革”的时候，思妈的儿子带着一帮造反派占据了房子，那这房子变成了他们造反用的司令部，后来这房子又被房管局接收，陆续住进了许多人家。

现在“文化大革命”结束了，国家正在落实政策，要把那些强行占居的房子归还给它们的主人。

这个消息，不管真假，对弄堂里的人来说，都是平地一声惊雷！

大人们都将注意力集中到这事情上，有高兴的，本来房子就小，趁这个机会，可以改善的，也有怕麻烦的，开始抱怨……

思妈的反应最明显了，她像变了一个人似的，开始在弄堂里出现，总是笑脸满满的。

于是，有人说，难怪那时候装水管那么起劲，原来是心里盘算了房子收回来后就都是她家的啦！

圆圆跑来找小小：“2 号楼没动静吗？按理说，你们那些房子也是思妈家的，为什么偏偏要我们搬走呢？”

“传言吧，我可不想和你分手。”小小这个年龄，最不能忍受的就是离别。

“如果这是真的，那么白娘娘也要离开了？”

“她会不会和祝老师结婚，那样的话，她就可以搬到 2 号楼来了，可是，祝老师家好像也太小了一点，怎么可以住下两个人呢？”

祝老师和白娘娘的事情不再沸沸扬扬以后，小小去白娘娘家的次数增多了。有的时候，她喜欢一个人去，有的时候也拉上圆圆。

小小拿这话去问白娘娘，白娘娘只是笑："还早呢，就你们这些小孩子瞎操心，哪里说搬就搬的，真的有那一天，国家也会给我们找到更好的房子的。"

"很快的，小小，你还记得我们在思妈家看到的那个小偷吗？"圆圆的消息总是最多，她见白娘娘不当回事情，马上发布最新消息。

"嗯，当然记得。难道真是思妈的亲戚？"

"是呀，那天他是来还债的，听说他才刚刚放下了一张纸，就被我们吓跑了，那是一张房契，思妈就是拿着那房契去房管局的。"

"房契是什么呀？"

"证明房子是思妈的呀。"

"这个我也听说了，如果国家真的同意将房子还给思妈，也是一件好事情。你们想想，思妈在这条弄堂里这些年，吃了不少苦，听说连她儿子也和她划清了界限，不仅带了人来抄家，还离开她出去闯荡，一别不回。思妈呀，真是不容易，老来可以享点清福，也算是老天有眼啊。"

"嗯，比起郝阿婆来，思妈一直对我们不错的。"

二

12 月初的时候，很奇怪，下了场大雪。

雪是后半夜开始下的，整个弄堂都沉静在那种白色中，大家都说，上海的冬天，下雪本来就是稀罕事情，才初冬就下雪更是希奇事情。

是不是，真有什么稀罕的事情要发生呢？

早上，小小从三楼的阳台望下去，惊叹地发现弄堂完全是另一番景象了。

所有的一切都是白色的，狭长弄堂正中的那口井，如今变成了一个白色的大球，圆鼓鼓的，立在那里，特别醒目。

花园周围的冬青树上，也是一层白茫茫的雪，在白色的世界中看这座有将近半个世纪的房子，别有一番滋味。

早上，从思妈家一楼的黑屋子里，不时传出低低的哭泣声！窗外站着几个好奇的邻居，都在议论，说思妈家来了一个不速之客——是他儿子，这小子终于回来了。

小小背着书包走到思妈家窗门前的时候，看到圆圆也站在那里，见小小出来，赶紧拉她到窗下："你看看，快，仔细看看。"

小小踮起脚朝里望去，房间里黑乎乎的，只能看到人影，却看不真切。

"看什么呀？"小小问。

"那个思妈的儿子呀，你看看这人你见过吗？"

小小觉得奇怪。

旁边，有人正在小声地议论着什么。

"大概快十年了！难怪思妈哭得那么伤心。"

"怎么选了个下雪天啊？"

"听思妈说，今天是他的生日。"

那不是一件值得高兴的事情？

为什么思妈要哭呢?

小小特别好奇,她似乎有点明白了,也渐渐从那些议论声中弄清了事情的大概。

原来,思妈除了桑晴慧妈妈这个女儿外,还有个儿子。

那儿子在“文革”才开始的时候就带着红卫兵抄了思妈的家,然后跑到遥远的北方插队落户了,与思妈划清了界线,在北方一住就是将近十年。

思妈为此难过得哭了很久,后来就不再哭泣了。

但她保留了一个习惯!就是每年儿子生日的那天,为他烧一桌菜肴!那不仅仅是一种纪念,也许,那更是思妈思念儿子的一种方式!

听说,这几年,儿子也悄悄地回来过,托人送来北方的土产和几句祝福的话语,却始终没敢来见见思妈。儿子说,觉得愧对妈妈,没颜面回来了。

思妈家房子落实政策的事情,就与他儿子背地里的努力和活动有很大的关系。思妈心里明白,可她并不在乎房子,她更想要儿子。

与这许多的房子相比,她更希望儿子能重新回到她的身边。

思妈托人对儿子说:“今年生日回来过吧!我会烧一桌菜等他的。”

今天一早,看到满地的大雪,思妈特别兴奋,她对桑晴慧说:“我生你舅舅的那天,也是一场大雪啊!”

她执意要去菜场,她要去买儿子特别喜欢吃的鸭子和青菜!

可是，思妈却在这个雪天摔倒了……正在这时，一个穿着黄色滑雪背心的人匆匆走进这条弄堂。搀扶起思妈，思妈抬头一看，眼前这个亮黄色的男人，正是她思念的儿子。

“这样啊，那真值得恭喜一下。”搞清楚了事情的来龙去脉，有几个邻居跑进了思妈房间恭喜她，圆圆拉着小小也跟了进去，这仔细一看，小小笑了，难怪刚才圆圆大惊小怪的，原来，那个“黄色滑雪背心”就是几个月前曾经光顾过思妈家的“小偷”。

难怪那天思妈一点都不着急，脸上还有些不易察觉的笑容呢。

可究竟是什么，可以阻止一个儿子和妈妈之间的这么多年的感情呢？

小小始终想不明白。

三

思妈在家养了一段时间伤，这以后，每天可以看到思妈儿子忙出忙进的身影。大家都说，思妈还是有福气的，虽然因为“文革”，因为孩子的不懂事，吃了一点苦，可老来福是最难得的呀。

祝老师和白娘娘的未来，却依然看不出端倪。

自从那天晚上妈妈提醒小小少和祝老师来往后，一切基本太平无事。

但有一天晚上，妈妈和爸爸的悄悄话又一次印进了小小的心里。

“小姑娘渐渐大了，你要注意一点了。她最近好像和1号楼里的白娘娘走得蛮近的。”是爸爸首先提到这个话题的。小小本来已经迷迷糊糊了，一听到白娘娘的名字，耳朵就竖了起来。

“是呀，她好像蛮关心白娘娘的事情的。哎，这人啊，蛮苦命的。再说又掺合了祝老师，小姑娘家的，一定是好奇。”

“她还太小，叫她弄不明白的事情少起劲，再说了，祝老师一会是照顾晓橘，一会又和白娘娘恋爱，虽然这个人本质不坏，但挺复杂的，我最近听说，他身上还有麻烦呢。你提醒小小一下啊，在这点上，隔壁郝阿婆的警觉是有道理的。”

“知道了。不早了，睡吧。”

小小觉得爸爸妈妈本来也是喜欢祝老师的，只是不希望让郝阿婆说闲话，爸爸曾经说过，上海的小市民最讨厌的脾性就是喜欢没事找事地饶舌，他最看不惯这个了。

可是，爸爸为什么说祝老师还有麻烦呢？这话，让小小心里有点不舒服，可又觉得有点道理。你想，按道理说，白娘娘拿出了离婚证书，连郝阿婆也知道了，那么弄堂里的大人就都知道了喽，他们应该可以自由地在弄堂里出入了，可是，小小发现，祝老师家的门还是紧锁着，除了那天开会的时候他出现过一次，以后又是长长的一段空白。

更让她奇怪的是，有好几次，她在弄堂里看到晓橘，发现她好像满腹的心思，眼睛肿肿的，刚刚哭过的样子。

她这个伤心的样子，会和祝老师有关吗？

小小知道，现在，除了白娘娘，晓橘是最接近祝老师的人了，她很想问问晓橘，祝老师他好不好，是不是真的像爸爸说的又有麻烦了？为什么还和以前一样沉默呢？

她的心里沉甸甸的，总觉得还有什么事情会发生，这感觉就像一个沉重的秤砣，压得小小有点喘不过气来。

难道还会有更糟糕的事情发生吗？

三、那些传闻，好像小小他们在学校做的传话游戏一样，等传到最后一个人耳朵里时，已经面目全非了！

一

小小的担心真不是没来由的。大雪融化后没几天，一个传闻像小小他们滚的雪球一样，忽然在弄堂里越滚越大了。

最初，这传闻是朱嫣红悄悄说给小小听的。

那天放学回家，路上，她很神秘地告诉小小，祝老师为了晓橘，犯大错误了。

"我妈妈说的，消息来源绝对可靠，要不要听？"朱嫣红神秘兮兮的样子，让小小不得不认真对待，要知道，朱嫣红的妈妈绝对是弄堂里的包打听，小小停下脚步，目不转睛地盯着朱嫣红，这让朱嫣红更来了劲。

她继续说："其实这事情开学的时候就发生了，不过祝老师本事挺大的，一直瞒到最近。他将班级学生缴的点心费什么的，放到了自己的口袋里，被学校发现了。"

"为什么呢？他要那些钱干什么？"小小问。

"给晓橘交学费呀。"

"哦，我明白了，就是说，祝老师是被你爸爸害的喽？"圆圆说。

"怎么可以这么说呢,他的问题比我爸爸严重多了。我爸爸不过是小偷,况且他已经改正了,可祝老师这样做,是贪污犯。"

"你胡说,不会的,不可能!"

小小的心里一惊,眼泪都快出来了,与其说她不愿意相信,不如说她不肯去相信朱嫣红说的这一切。可细细想起事情的前因后果来,她又觉得朱嫣红说的有鼻子有眼的,很有可能是真的,而且这做派,像是祝老师的为人!

传闻几天后被弄堂里更多的人传播着,就像一个经过了很多次滚动的雪球,越来越大,那事情,也越来越严重——有说公安局都出面了。

祝老师对待晓橘,那是弄堂里的人都看在眼睛里的,这一年多来,他当着晓橘的监护人,一直默默地不张扬,大家都说很不简单。

开学前,钱是先被人偷去的,那正是要交学费的时候,看来祝老师"灵机一动",就将学生的点心费挪用了。他本来以为,很快就可以补上这个洞的,可是,紧接着,弄堂里沸沸扬扬传开了他和白娘娘的事情,这事情直接的影响是让祝老师完全沉默了,更不好找人借钱了。

偏偏在这个节骨眼上,晓橘的爸爸又躺在了医院里,开学以后,就没汇钱来。从暑假里那笔钱被偷去后,从此断档了……

后来几个月,钱还是没音信,晓橘急得哭了,一心一意要去外地看个究竟。

而祝老师始终叫她安心地把书读下去,并且保证不会有什么事情的。

钱,他有办法解决的。祝老师一直强调说,至少等放寒假再说。

天知道,让晓橘安心的办法,竟然是祝老师拿了公家的钱,拆东墙补西墙的,也许为了应急,或者还有怎样的理由呢?

晓橘的吃住一时有了保障!可纸是包不住火了,这事情没过几个月,终于败露了。

……

很多事情之所以会如此发生,就在一个“巧”字上,当所有的不利因素集合在一起的时候,也许祝老师个人的能力已经没有办法抵抗了!

这就是命运?

冥冥之中命运的安排?

小小感觉不可思议,她想起祝老师和他们一起玩耍的情景,想起白娘娘还在憧憬着的未来,她的心里非常难过,现在,大概都完了。

事情好像还在升级。

等到小小再一次听弄堂里人们说起这件事情时,据说祝老师已经被学校除名,丢了工作。

“要么是太喜欢那个女孩了,要么就是太有责任心了!”爸爸感叹说,“前一阵有人来调查祝老师的为人,我就预感到要出事情。哎,无论如何,挪用学生的钱,总是千错万错的。这个人就这样完了,真是可惜了!”

“一失足成千古恨啊!”小小听到爸爸这么说,心里不由得一惊，她觉得爸爸给祝老师下了一个很不好的结论，这意味着祝老师的人生完了。

她那么崇拜和爱戴的祝老师，那个总是谈笑风生将眼睛眯成一条线的祝老师，那个给她幻想和对未来憧憬的祝老师，怎么能做这样的事情来亲手毁灭了自己的未来呢？

她幼小的心灵受到的震撼是无法用言语来表达的。

想到每次将淡蓝色的信封塞进祝老师家的房门时，心里对他和白娘娘爱情的期待，她忽然很为白娘娘难受。

祝老师和白娘娘的未来还会有吗？他们那么憧憬的幸福日子，难道就这样走远了吗？

小小忽然地想，要找时间去安慰一下白娘娘，她现在的心里一定非常非常难受。

这是这个冬天对小小来说一个很严重的打击。

二

不久，晓橘哭着离开了这条弄堂。

关于她的故事，也许除了祝老师，没人知道，连爱包打听的朱嫣红妈妈和郝阿婆，也只是连连摇头。

晓橘去了他爸爸妈妈生活的地方，听说那里的学校没上海好，对晓橘的未来不利。

留下祝老师像一个解不开的谜一样，淹没在这条弄堂里。

关于祝老师的传闻却不断升级，越来越离奇。有说法院准备起诉的，有说他曾经对晓橘动手动脚，正在调查的，还有说祝老师想不通，差点自杀的……弄堂里的人说起这些的时候，除了摇头，就再也没有其他表情了。

小小觉得，那些传闻就好像她们经常在学校做的一个游戏，大家耳对耳传一句话，后来就不断走样，等传到最后一个人的耳朵里时，往往已经面目全非了。

小小很想跑到祝老师家去问个究竟，可她不敢去。

她心里知道，这样的传闻，对于祝老师和白娘娘，都将是一个沉重的打击。

这让小小的心里特别不好受！

她不明白，为什么当大人犯了错误遇到了挫折时，没有人愿意帮帮他，也没有人会像大人对待小孩子那样，会轻轻鼓励说："没关系，爬起来就是好孩子！"

爸爸对小小和小乔说，要以这件事情为教训："以后啊，少去弄堂里疯，有空在家多背点唐诗。长大后，抵御诱惑的能力可以强一点，不要像祝老师那样，蛮好的一个人，彻底毁了，太可惜了。"

祝老师呢？这次真的是从这条弄堂里消失掉了，连从弄堂里走进房间的身影也看不到了。

他大概真的被开除了，很少看到他出门的身影，似乎连吃饭这样的事情也是可以省略一般。难道他躲在那间小房间里独自反省吗？

从那以后，小小发现，他家的煤气灶始终非常干净，也看不到他进出厨房的身影了。

这马上让郝阿婆钻了空子，祝老师在厨房的空间，很快就被郝阿婆占领了，三家一起的厨房，现在就只剩下小小和郝阿婆两家了。

只是偶尔，当小小经过二楼的时候，如果那里够安静的话，小小能听到从祝老师房间里，飘出收音机里好听的女播音员的声音，这声音让小小的心里很酸很不是滋味。

她想，也许，寂寞如祝老师，只能从收音机里寻找一点安慰了吧。

小小一会儿觉得一切都很不真实，似乎一觉醒来，祝老师又会像从前一样，笑着朝他走来，和颜悦色地和他们交谈；一会儿她又很生气，觉得这个祝老师，辜负了她和白娘娘的一片苦心。

而且居然连一个充分一点的理由，他也不说。

这个冬天，让小小觉得特别地冷。

她不知道，还可以到哪里去寻找叫做温暖的东西。

四、温暖总是有的，这个冬季，小小从白娘娘那里找到了最实在的温暖！

一

冬天来临之后，小小爸爸忽然紧张起来。

西北风才刮了没几天，阳台上就已经有几只死蜜蜂了。接下去的日子，蜜蜂死得更多了。

爸爸心里明白，这都是他作的孽啊，蜜蜂们是缺少过冬用的足够的食物才死亡的。

蜜蜂是需要冬眠的昆虫，它们本来是依靠秋天收获的蜂蜜来

度过整个寒冷的冬季！可是，这个冬天，小小家阳台上的这两箱蜜蜂可能熬不下去了。

爸爸心里很清楚，城市的花草不多，本来那些蜜蜂，能自给自足就不容易了。但为了满足一下大家的好奇心，秋天的时候，它们赖以生存的蜂蜜还是被小小爸爸掏空了，成了弄堂里邻居街坊餐桌上的美食，变成了孩子们嘴边的美味佳肴。

虽然，摇蜜以后，又过了一段时间，蜂巢里积累起了一点蜂蜜。

但那时已经临近冬季，城市马路上的花和树已经渐渐枯萎了，蜂巢里的积累不多的蜂蜜，对蜜蜂来说，实在是杯水车薪啊，根本不够维持这一大群蜜蜂家族整个冬天的生计。

现在问题来了，这些蜜蜂要怎么才能度过这个寒冷的冬天呢？

小小一家人每天看着蜜蜂不断死去，真的是心急如焚，却又一筹莫展！

这消息，很快传到了弄堂里所有小朋友的耳朵里。

眼看着蜜蜂已在不断死亡，大家都很难受。

似乎"偷"吃了它们赖以生存的粮食后，蜜蜂的生死存亡，便和这条弄堂里所有的人都分不开了。

但大家知道，谁也没本事变出那么多的蜂蜜来，商店里也很少有卖蜂蜜的。

蜜蜂不可预测的命运，让小小觉得这个冬天更难熬了。

几乎每天，都有小伙伴借故到小小的家，想探询一下蜜蜂的命运。

这些可爱的小生灵的命运，刹那间成了大家在这个冬季里最关心的事情。

就在大家都想不出什么好办法的时候，蜜蜂们忽然就遇到了救星。

那是一个早晨，真的好早，小小还在睡梦中，忽然听到有人敲门。

打开门一看，进来的是白娘娘。

有一段时间，没有和白娘娘联络了，小小意外地看着白娘娘，不知道说什么好。

白娘娘的手上拿着一包用牛皮纸包着的东西，脸上挂着按捺不住的笑容。

“不好意思，太早了一点，还没上班吧？”

说着，她径直走到小小家的方桌前，把手上的东西放在方桌上，说道：

“我夜班回来时，看到拐角那家商店有水果糖卖，就想，这也是糖，能不能够将就着给蜜蜂试试啊？”

“你也听说了蜜蜂的事情？”小小问道。

白娘娘笑着点点头，然后很快地打开了纸包，顿时，一大堆红红绿绿的水果糖呈现在小小和她爸爸面前。

“是呀！也许这是个好办法。”爸爸放下筷子，拍着脑袋兴奋地说，“我怎么就没想到呢？多亏了你，我这就去试试，去试试！如果行的话，我们的蜜蜂就有救了。”

爸爸早饭也不吃了，拿着水果糖就往阳台上跑，到了那里，才又笑着走回来：

“看我，还没谢谢你呢。还有，看来要把这些糖融化了，才能倒进蜂巢里。”爸爸笑着去厨房张罗了。

所谓踏破铁鞋无觅处，得来全不费工夫！

小小看看白娘娘，友好地笑笑，然后问：“你还好吗？”

白娘娘坚定地点点头：“我很好，如果蜜蜂有救的话，会是个好兆头，我相信一切都会好起来的。”

小小笑了，她朝正走下楼梯的爸爸叫道：“爸爸，你下班回来再做吧，弄堂里好多小朋友都想看呢。”

爸爸看一下表，笑着回头，他没想到，这小小的昆虫，会成为一种纽带，不仅加深了他们一家人之间的感情，甚至让整个弄堂的人，都在替这些小生灵的生死担心着。

人是有感情的，得到了便会懂得付出。

他又走回了房间，说：“是呀，看我，这一高兴，都乱了方寸了。我也得去上班了！”

然后，他又一次对白娘娘说：“白娘娘，真是谢谢了，你还为这个操心，我想蜜蜂会有救的。”

……

这个下午，放学的时候，底楼的厨房里围满了人，思妈拿来了她家里最大的锅子，不知道是谁，又买了几斤水果糖……

郝阿婆呢，俨然是个总指挥，招呼着这个让开，又招呼着那个点火，还不停地问小小爸爸：

“水多加点，还是少加点？”

“蜜蜂会吃吗？吆，它们真是可怜啊！”

……

水果糖的香味从厨房飘出来的时候,天已经渐渐黑了。

可似乎没有人觉察到这一点,平时这个时候,大家多半已经在厨房里顾自张罗着晚饭了。

而今天,大家像是心照不宣约好了似的,要先让蜜蜂吃了,才放心。

不久,一群人跟在小小爸爸身后,小小爸爸呢,手里端着特大号的钢精锅子,里面盛满了用水果糖熬成的糖水,一起拥进了小小的家里。

爸爸走进阳台时,天已经黑得差不多了。

他小心翼翼地掀来蜂盖,将糖水慢慢倒进了蜂箱里。

所有人都注视着他的一举一动,心中充满了期待。

这举动说来有一点好笑,但那个时刻,大家的希望都是一样的,真希望这些水果糖能帮助蜜蜂,帮它们熬过整个冬天。

那些小生灵啊,似乎成了弄堂的一分子,让所有的人都为它牵肠挂肚。

这场景让小小的心里充满了感动,在这个冬天带给她一份别样的温暖——如果大家都能够腾出时间来关心蜜蜂的生死,那么,一定也会去关心弄堂里邻居的命运的。

终于,小小爸爸从阳台上走了出来。

他看着围观的人群,拱起双手,说:“谢谢了,各位,给你们添麻烦了。结果要过几天才会知道呢,耽搁大家时间了,大家快回去弄晚饭吧。真是谢谢了!”

他一连说了好几遍。

人群才慢慢散去！

……

二

整个冬季，显得那么地漫长，小小爸爸几乎每天都要去看看蜜蜂，他已经不能打开蜂盖了，怕冻坏了蜜蜂。

他只是用手电筒照照它们出入的门口，看到有一只蜜蜂在那里走动，就觉得一点安慰。看来，那些水果糖，蜜蜂是接受了。

这让弄堂里的人都感到很安慰。

常常还会有邻居好像很无意地送来一点水果糖。

爸爸过一段时间，就再熬成糖水喂一点进去……

剩下的时间，小小爸爸开始写他的那本关于蜜蜂的书，有时竟然一整天伏在写字台上不起来。

看得出，他写得很沉浸。

冬季结束的时候，爸爸的初稿写成了。

蜜蜂呢？它们似乎真的抵御住严寒的考验。

三

托蜜蜂的福，小小因为水果糖的缘故，又一次和白娘娘走近了。

而且，在这个有点难熬的冬天，小小从白娘娘那里找到了一种实实在在的温暖。

放学后，小伙伴们照例会在做完功课后去花园里跳橡皮筋，大家摆好了橡皮筋，才发现缺了小小。

“小小呢，这几天怎么都不看到她呀。蜜蜂不是救回来了吗？”

于是，大家跟着圆圆站在弄堂的尽头小小家的窗口底下，大声地叫着：“小小，快下来！小小，你在吗？”

其实，那时候，小小正躲在白娘娘的家里，一边看着白娘娘织绒线衫，一边和她说着话。

“小小，一二三，小小！”声音很快传了上来。

白娘娘朝窗口努努嘴：“下去玩吧！不用陪我的！我很好。”

“不是啦，我很想向你学织绒线衫啊！你教我吧，你曾经答应过我们的。”小小一直很为白娘娘手里的功夫叫绝。

“真想学啊？你不知道，这活，很寂寞的，”白娘娘停止了手上的动作，抬起头，“不过，女孩子有了这一手，将来嫁人就不愁了。”

她说完，还没来得及笑，自己的脸倒先红了。

“那你答应了？”小小可不管白娘娘说什么嫁人不嫁人，“哦，我和她们说。”

小窗口上的玻璃闪过一片耀眼的金黄色，窗被打开了，小小探出了头：“我在这里呢，老跳橡皮筋有什么意思，你们不会学点新花样吗？”

“你有什么新花样呢？告诉我们嘛！”所有的头都从2号楼那里扭过来，问道。

“我要跟白娘娘学织绒线衫。”小小的脸上满是骄傲。

“我们可以跟你一起学吗？”好几个女生都围了过来，抬起头，吃力地问。

“不行,白娘娘说就教我一个的。”小小得意洋洋地说。

谁知,白娘娘起身站在了小小后面,用手刮一下小小的脸:“谁说的,谁原意学,就上来啊!”

“真的?那我们上来啰!”大家纷纷起哄起来。

织绒线衫,对于小小那样年龄的女孩子来说,真是件新鲜的事。

这温暖的绒线衫,是不是可以给这个寒冷冬季带来一点暖意呢?

如果真的能穿上自己亲手编织的绒线衫,那该是件多么令人骄傲,又多么美妙的事情啊!

不一会儿,白娘娘家就围了好几个女孩,圆圆和朱嫣红当然也在其中。

白娘娘挺高兴的,家里很久没这样的人气了,她抬头看看天花板,嘘一口气,然后从橱门里拿出几团各种颜色的毛线,又从抽屉里翻出好几副绒线针,分发给女孩子们。

“真的决定学?要有耐心哦。”

她自己也拿上一副绒线针,开始起头,边起头边对大家说:“起头并不难,上下针也是一学就会的,就是手势,需要时间来磨的。刚开始学,就织一条围巾吧,你们自己挑喜欢的颜色,织得成,等冬天最冷的时候,正好用得上。”

小小笨手笨脚地拿起绒线衫针,脸上满是好奇和兴奋,她选了一团白色的绒线。“我要织一条雪白雪白的围巾,正好配我的红棉袄。”

可圆圆却在一旁笑了起来:“围巾啊,那有什么意思,太简单了点吧,我还是回家叫我妈妈教我织真正的绒线衫吧!”

朱嫣红挑了一团黄色的绒线,对白娘娘说:“就是,我想织一件背心!绒线背心,那个才管用。”

白娘娘微微摇摇头:“心急吃不了烫粥的,一开始先织围巾,会比较有成就感,否则啊,我保证你们没织到一半,就都放弃了。”

“才不会呢,我们比赛吧!”圆圆兴奋起来,“我家也有很多绒线的,我回去看看,”说着她就站了起来,“小小,我们说好了,一个月,到时候大家把织好的东西拿出来展示。看谁的漂亮。我走了。我才不要织围巾呢!我会织一件真正的衣服。”圆圆说着就蹬蹬蹬上楼去了。

看圆圆那种态度,再想象着圆圆要织一件真正的绒线衫,小小的心中对围巾也有点不屑。她悄悄瞥一眼白娘娘,马上和白娘娘鼓励的目光碰在了一起,她不好意思有任何的动摇,就学着白娘娘起好了头,一针上一针下地开始了“手上功夫”。

……

于是,上学、放学的路上。大家有了新的话题。

放学后的寂寞时光,也有了新鲜的内容。

弄堂里变得安静了,所有的女孩都忙着拿起绒线针,憧憬着,忙碌着。有意思的是,她们似乎真的叫上了劲,彼此悄悄地努力着,都在为一个月后可以呈现的美丽和温暖暗暗使劲!

午后的阳光,斜斜的,暖暖的,将屋子里的一切都衬托得很有

些温馨，小小还是喜欢在做完功课后去白娘娘那里，她喜欢背靠在床上，跟着白娘娘的节奏一丝不苟地摆弄着手上的毛线，偶尔和白娘娘说点什么！

收音机开着，里面传出女播音员好听圆润的声音：

“下面，用记录速度再播送一遍天气预报，请记录……”声音的速度放慢了，她们手上的速度却在加快，“最高温度：8摄氏度，最低温度：3摄氏度……风力5－6级……”

天越来越冷了，马上就要零下了，到那个时候，就可以戴上自己织的白色围巾了。

“郝阿婆说，你还为祝老师织过绒线衫，是真的吗？”小小忍不住问白娘娘。

“是呀，哎，不知道他现在好不好。”白娘娘感叹着说。

“还想他啊！下楼的时候，有时能听到他家收音机里传出的声音。”

“嗯，我总是想，他那样做，也许是不得已吧。他不会轻易垮下吧，他还有很多事情想做呢。”白娘娘说。

“你没去问过他吗？”小小一直也想寻找那个答案，就停下手上的活，很认真地问。

“问过，他说，他是有追求的。有一天，他会给我一个满意的答案的。”

“是吗？”小小的眼睛一下亮了，心里有了一点悸动，她看着白娘娘，一字一句地说，“你的意思是说，祝老师他还有戏，他没死？”

"什么呀?"白娘娘加快了手上的动作,"小小,认识一个人,真的很难!有的时候,我自己也搞糊涂了,我想,也许只有等待,让时间来解决这一切吧。"

小小若有所悟。

沉默,除了收音机里的声音,还有的就是绒线针碰撞发出的轻微的声音。

小小和白娘娘都不说话了,专心努力着。

四

那真是一段寂寞的时光,这样的时候,小小的心中会有一点不好受,想到自己在织着谁都会织的围巾,根本不需要变什么花样,不需要算针数。她觉得自己多半会输。一个月后,或许就是自己,只有一条傻傻的围巾。

每当她为此难受的时候,就可以看到白娘娘鼓励的目光:"如果你织成一条围巾,我敢保证,你将是第一。"

围巾渐渐地长了,已经可以围着脖子转一圈了。

之后有好几天,白娘娘不在家,放学后,小小只能躲在家里,一个人加紧着手上的动作,看着围巾初露端倪,小小的心里开始有了期盼。

月历也已经翻过一页了,弄堂里的冬青树依然青青的,梧桐却已经是光秃秃了。好像有一段时间,大家放学回家的路上,不再说女红这个话题了。

那天放学时遇到圆圆,她又有了新的花样,她说:"织绒线衫太慢了，小小，你还没放弃吗？我现在用钩针，没几天工夫就可以钩一顶帽子。”

“就是呀，织绒线一点也不好玩，也就白娘娘没事情做，才可以有这样的耐心。我们还是玩我们的吧。”

弄堂里又有了女孩子的吵闹声。

大家都跟着圆圆开始了新的游戏，圆圆俨然又成了中心。

她兴高采烈地说，她要钩好多东西，台布，窗帘，床沿……她开始设想新的计划，所有的人都为这些美丽的计划而激动万分。

小小的白围巾已经接近了尾声。这让她实在不忍心半途而废。

她成了真正寂寞的一个，午后的阳光已经不再温暖，伸出的双手有了几分冷意，屋外小伙伴们的吵闹声让她心烦，只有围巾的不断加长，才使她坚持着，内心中会升腾起一点骄傲。

她忽然明白，一件事情的成功与否，和机智或者聪明都关系不大，有时候，最需要的仅仅是耐心和坚持！

围巾织好的那天，小小跑到弄堂里，跑到小伙伴们的中间，将这温暖的白色围巾围在脖子里的时候，她感到了一种从未有过的暖意。

大家都围了上来，真心为小小喝彩。看到伙伴们惊讶羡慕的目光，小小觉得，那些寂寞的日子终于有了回报。

她想起白娘娘还没有看到过这条围巾呢！她赶忙冲到了白娘娘家，可她家的门紧闭着，一点声响也没有。

她这段时间去哪里了，还是出了什么事吗？

犹疑着回到弄堂里时，小小融进了小伙伴的游戏当中，她围着亲手织好的白色围巾，站在冬日冷冷的风中，心中充满了欣慰。

真的，重要的并不是你在做什么，而是当你认准了方向，你就必须认认真真朝着那个目标努力，坚持着将它做完。

第四篇章　春之绚烂

当幽雅的钢琴声在弄堂的上空飘起时，当声声祝福将祝老师送出弄堂时，当隆隆的鞭炮声和姹紫嫣红的礼花同时绽开笑容时，谁都知道，弄堂里的春天来了！

那是万物苏醒的日子，也是弄堂新的一年的开始……

——题记

一、淡淡的粉红色，配上蔚蓝色的天空。顿时，原来那间屋子，连影子也找不到了。

一

不久后的一天下午，放学的时候，小小和小伙伴们发现弄堂里进来几辆黄鱼车，跟着黄鱼车一起来的，还有几个身强力壮的小伙子，大家正在好奇，不知道又发生了什么事情，小小眼尖，一眼看见指挥这帮人的正是好多日子没露面的白娘娘，她的脸上挂着笑容，白娘娘看见了小小，友善地朝她笑笑，然后就招呼着那些人往她家走去！

“1号楼二楼，师傅，朝这里走，对，这里！”

他们要干什么？大家都看着黄鱼车，猜不出个所以然。

才一会儿，几个人就搬着大橱和床架走出了1号楼，将这些家具放在了黄鱼车上。

“当心，慢一点哦！”白娘娘跟在后面叫着。

天很冷了，可没几个回合，几个师傅的脸上有了汗珠。

“白娘娘，搬家吗？”有邻居忍不住问，“怎么从来没听你说起过啊？”

“不是啊，这些旧家具不要了，正好有亲戚要，趁着有空帮他们送去。”白娘娘笑着说。

难道白娘娘真的要开始她的新生活了？小小在心里想。

这新生活中，会有谁呢？还会是祝老师吗？连以前的家具都不要了，该是找到好日子了吧。

“哦，这么大方，你发财了？”有邻居开玩笑地问。

“没有啊！没有。”白娘娘仍然笑眯眯的，却说得含糊。

郝阿婆也站在了人群中，这弄堂里，大概有好多年没有人搬出家具了，大家都很好奇，总想探明这举动背后，会有些什么故事呢？

“要去哪里啊？那你的工作怎么办呢？是不是找到好人家了？”郝阿婆显然这次没有得到任何小道消息，一个劲地问。

白娘娘只是笑，然后指挥着那些人忙里忙外的，却什么也不说。

小小和小伙伴们也不玩了，好奇地围着黄鱼车转着圈子。这么些年了，这弄堂里还真没看到谁会把家具都送人的。

“白娘娘家空出来了，一定很大。”圆圆说。

“是呀，上去看看。”话音未落，所有的孩子都冲到了1号楼二楼白娘娘那空荡荡的房间里，这里看看，那里摸摸。

“哇，这房间能让我们做活动室该多好啊！”圆圆感叹地说。

“是呀，我们就把这房子装扮成一个童话世界。”马上有人跟着想象。

“哪有这么好的事情啊，白娘娘只是说她离开一段时间，再说，就是她不住了，这房间不是思妈要收回的吗？”

“你真扫兴，不过是这样想一想嘛。”

大家你一句，我一句，对着这空落落的房间快乐地想象着，一点都没注意到，白娘娘站在了他们的背后。

白娘娘看看圆圆，又看小小，问道：“你们真的这么想吗？”

小小看看圆圆：“她瞎说的，你可别当真啊！”

“哦，那我要关门了。”

随后，白娘娘跟着黄鱼车一起，离开了弄堂。

二

白娘娘真的把这间空房子留给了孩子们，当然是暂时的。

她将钥匙交到小小手里时对她说：“我不知道这房间可以让你们玩多久，不过，在我离开的这段时间里，你们可以暂时做这房间的小主人，按照你们的意思来装扮它。我希望这里会很漂亮，像个童话世界。”

“你要到哪里去？去干什么？还回来吗？”小小手里握着钥匙，却觉得不真实。

“你放心吧，我已经看到我的未来了，我在为此而奔波。”

“不再回来了吗？”

“当然要回来的。小小，你还记得吗？去年暑假，你们为了在弄堂里玩，还埋怨过我呢，现在我来做一点补偿吧。”

小小点点头。

这消息很快就让弄堂里的每个小朋友都知道了。大家那兴奋劲简直不知道怎样表达。第一时间跟着小小冲到了白娘娘的家。

曾经也到这里来过很多次，但这一次的感觉非常特别。

大家望着斑驳的墙壁和房顶，还有地板上家具留下的痕迹，靠东面的墙壁上，还保存着一个废弃的壁炉，所有的一切都静静地立在那里，无言无声地叙述着这里曾经居住过的主人的过去。

“我们就按照白娘娘说的，把这房间装扮成一个童话世界吧。”

“是呀，这个交给我，我让我爸爸去厂里拿油漆和涂料来，说好了，就这个星期日吧。”陈平拍着胸脯说。

“好啊。”所有的人都拍起手来。

接下来的这个星期天，大家不约而同地早早来到了这间空房子里。

彩带是圆圆从学校的美工房带回来的，粉刷用的油漆和涂料是陈平他爸爸单位的，而且是超可爱的粉红色、蓝色和明黄色。

陈平爸爸说，这些颜色太艳丽了，一般很少有人用的，可小伙伴们早商量好了，对这些颜色情有独钟。

天花板要变成一个有月亮的夜晚，只要抬起头，就可以看见美丽的天空，生发许多的遐想。墙壁呢，当然就是粉红色的天下了。

这真是一个快乐的休息日。

小乔抱来一大叠报纸，大家一起折出了许多大盖帽，每个人的头上都套一个！哈哈，这样，就像做事的样子了。

陈平爸爸说，要先把墙壁磨平，然后才可以涂上涂料，可大家都等不及了。

“这多麻烦啊，我们不用这么多的规矩，不如就这样刷吧。”大家笑着说好，纷纷拿起刷子，蘸着粉红色的涂料就往墙壁上刷。

斑驳的墙壁，很快就被好看的粉红色淹没了。

才一个小时的工夫，四周的墙壁马上变了颜色，房间里马上添了许多生气。

天花板就比较难弄了。小乔自告奋勇负责画画，他用一张桌子再加一个小椅子，才够着了顶，他在那上面画了一个大大的月牙。

“太小了，小乔。”陈平抬头看看说。

“画个圆月吧！”小小说。

“对，有月光的夜晚才美。”

于是，小乔把月牙改成了一个大大的圆月亮。

月亮被涂上了黄色。

到了下午，天蓝色的天空也上了天花板。

淡淡的粉红色，配上蔚蓝的天空。

顿时，原来的那间屋子，连影子也找不到了。

大家都欢呼起来，接下来的寒假和春节，可以在这间屋子里展开很多有趣的故事了……

累了一天，大家都躺在地板上遐想起来。

可是，遐想还没有展开，就听到了脚步声，接下来是敲门声。

小家伙们做这事情前，保密得很好。他们最怕两个人知道了，一个是居民小组长郝阿婆，一个是住在白娘娘楼下的思妈。

“里面有人吗?”是郝阿婆的声音。

“又是这个老太婆，嘘，大家别出声。”圆圆说。

大家都屏住呼吸，房间里顿时一点声音也没有了。

但是，门还是被打开了，和郝阿婆站在一起的，居然是住在底楼的思妈。

“啊，真漂亮！谁的主意?”思妈的脸上漾着笑容！

“这地方如果再放上一架钢琴，来一曲肖邦的圆舞曲那就太美了。”思妈闭着眼睛说。

“是呀，是呀！”大家都松了口气。

郝阿婆的脸上也是笑容，她拉着思妈的手，对大家说：“这间房子呀，马上要还给思妈了，你们可不要乱来哦。”

“还早呢，国家说有这个政策，落实起来，还要很长一段时间呢。”思妈说，“我是听到这上面叮叮冬冬的，以为白娘娘回来了呢，想上来看看。”

“白娘娘啊，她肯定知道快落实政策了，就先走一步了。”郝阿婆说。

“不是的，白娘娘说她只是离开一段时间，她会回来的。”小小

抢白道。

“没问题的,我是说,哪怕以后白娘娘真的搬走了,我也不收回这房间,好吗?”思妈仍然笑容可掬,“我不需要很多房间的,人少也冷清啊!”

“思妈。你真是大人有大量啊!”郝阿婆说。

大家你看看我,我看看你,搞不清楚状态,郝阿婆一向不将思妈放在眼睛里的,今天怎么这样好心情?

还是郝阿婆说得明白:“国家给思妈落实政策,过一段时间,1号楼都要还给她们家呢!思妈有福气啊。”

“那我们怎么办?”圆圆问。

“放心,会安排好的,”郝阿婆说,“我巴不得2号楼也还给思妈呢,那样的话,国家肯定也会为我们多分点房子呢!思妈啊,是老年得福啊!”

思妈什么也不说,她看着这间房子,许是想起了往事。

她在房间里走了一圈,然后回头对郝阿婆说:“我们走吧,让他们玩。房子的事情,早呢。”

“噢,”大家欢呼起来。

三

转眼寒假就要来临了,春节也快来了。

那段时间,小小总喜欢站在三楼的阳台上,俯瞰整个弄堂,想她的心思。

她常常会在不经意中幻想到未来,当她长大成人的时候,她会是什么模样？

她又会过怎样的生活呢？

像白娘娘那样生活在自己的理想中，为未来而奔波？

像妈妈那样为家庭和事业而弄得自己疲惫不堪？

还是像郝阿婆那样看上去八面玲珑，却得不到别人的赞赏？

或者，像思妈一样，荣华富贵又经历沧桑？

小小有点想不明白，孰是孰非。

读书之外，一个人是不是还需要一点什么，比如生活和未来，究竟是掌握在自己的手里，还是别人那里呢？

就在这样的时候，小小收到了一封没有邮戳的信。信是思妈交给她的，封得好好的，却显然不是从邮局寄来的。

小小觉得那字体有点熟悉，她迫不及待地打开了信封。

“可爱的女孩，请在下周四中午，来你家楼下二楼经常传出收音机声音的房间，我们等你，记住，暗号是：敲门三下，停顿一会，再敲两下！就你一个人哦！”

没有落款，没有一个多余的字，连日子也没标。

小小好奇地将这信连读了三遍，她当然知道那飘出收音机声音的地方是谁家，可她依然不敢确定，难道祝老师和白娘娘和好了，或者白娘娘回来了？

反正也想不明白，她决定什么也不想，静静等待下周四的到来。

她那个年龄，最好总有这样希奇古怪的事情降临的，比如上语文课的时候，她常常会希望班主任会放下课本忽然宣布说，这节课

我们来做一个游戏。虽然这样的场景,在她五年的读书生涯中,一共才发生过一次,但期盼却一直没有在小小的脑海里中断过。

这一次,会是一个怎样的惊喜呢?

以后几天,小小刻意去注意祝老师家的房门,似乎什么动静也没有。

将耳朵贴在门上,也只能偶尔听到广播里播音员的声音。

这邀请真的是从这扇门里发出的吗? 小小越发疑惑起来。

好在,星期四很快就来临了。

这是一个晴朗的日子,太阳也露出了它久违的笑容。

早上起来,小小就有点兴奋,她也说不出来,是因为这个中午即将发生的奇迹呢,还是因为这好天气?

总之,她早就在期待这个中午了。

上午的课显然比平时要慢很多,或许是因为小小的心里揣着一点心思。她总是会走神想到中午。那会是怎样的场面呢?

第四节下课的时候,小小飞快跑到小乔的班级门口,从口袋里掏出5角钱,交给小乔:

"今天中午我有活动,你自己买两个肉馒头吃吧! 多出的钱下午还我!"

"这么好?"小乔显然很希望姐姐每天都有活动。

看小乔他们走远了,小小便飞快地朝家里跑去。

四

离家渐渐近了,小小的心里开始紧张起来。

她是蹑手蹑脚走到二楼的，她朝四周望了望，没一个人！

中午这段时间，最安静了，特别是二楼，因为都是双职工，都不在家，根本没任何声息。

看到那扇油漆斑驳的门，小小的手犹豫起来。

她只敲了一下，就停住了。

像害怕门内会有一个张牙舞爪的怪物。

就在这时，门却轻轻地打开了。

屋子里很黑，小小第一眼看见的，是拉着的窗帘，这让她猛然间又有了点迟疑，但她刚想犹豫，却被一只温暖的手一下拖了进去。

定了定神，小小才看清拉她的人正是白娘娘。

她这才舒了口气。

她仔细朝屋子里看，仿佛自己走进了另一个世界：桌子上有一个很小却很精致的奶油蛋糕，上面已经点上了蜡烛。

怪不得窗帘被拉上了。

在蛋糕的旁边，是几盆色彩搭配得恰到好处的小菜，桌子上还有好几瓶啤酒。

而让小小眼睛发亮的，是小屋里墙壁上挂满的粉红色气球和从屋子里散发出了那种迷人的香味……

那已经不是小小所熟悉的祝老师的家了，特别在这样一个寒冷的冬日，这里更像是一个温暖人心的快乐世界。

“太美了！”小小由衷地说，“今天是个什么日子啊？”

她看看白娘娘，那时她正挽着祝老师的手，微笑地陶醉在这个氛围中。

“你猜?”

小小摇摇头。

她看看白娘娘身边的祝老师,几个月不见,他好像苍老了许多,头发长了,脸上有了岁月留下的痕迹。

“是祝老师的生日吧。”蛋糕给了小小灵感,她说。

“只猜对了一半。”白娘娘说。

“那是……”

祝老师站了起来,“先坐下吃吧,白娘娘忙了一个上午呢,吃完了再猜。”他将小小按到椅子上,不由分说地送上了筷子。

小小确实肚子饿了,而且,她想,总是什么好日子吧!

她已经习惯了不去打探别人不愿意说的事情。

屋外也许真的很冷,但这天的中午,就在这间缀满粉色气球的小屋子里,小小一点也没有感觉冷。

她似乎从白娘娘和祝老师的眼睛中读出了一点温暖。

她像是忽然明白,即便是在寒冷的冬季,即便还有许多的不如意,只要点燃一支可以取暖的蜡烛,就可以因着这蜡烛的光亮,让温暖遍布全身。

是呀,不管天气如何,自己的日子如何,其实在每个人的心中,都是可以点燃这样一支蜡烛的。

啤酒杯的撞击声很轻,彼此的祝福声也很轻,有时白娘娘的什么话引来一阵笑声,祝老师还会将食指压在自己的嘴唇上,示意她们轻一点,再轻一点……

如果不是怕外面听到这里的欢声笑语,小小可以说,很多年来，这是她最尽心最开心的一次聚会。

因为她看到了白娘娘和祝老师眼眸中的那份因爱而有的快乐。

那种属于人世间最真最诚的东西，很多年以后还常常在小小的眼前浮现。

开始吹蜡烛了，白娘娘对祝老师说："你许个愿吧，愿你心想事成!"

"我们一起许愿，让小小做我们的见证人。"祝老师说，然后回头看着小小，"小小，你愿意吗？你帮我们一起记住今天，1 月 12 日，它将成为我们的纪念日。"

"1 月 12 日？这天意味着什么?"小小问。

没有回答!

祝老师和白娘娘一起双手合十，嘴里念念有词，脸上是一份对未来的憧憬。

很久以后，几乎是同时，两个人张开眼睛，屏住气吹灭了蜡烛。

"小小，现在可以告诉你了。其实，今天并不是谁的生日。"白娘娘幽幽地说，"祝老师的生日，早两个月就该过了，但那时，你知道的，他做了件很错误的事情，虽然我知道他是好心，而且他也受到了严厉的惩罚。但我还是没勇气走进这间房间。不过我后来知道他没有倒下，还在为未来苦苦追求着，努力着。"

"可为什么选今天呢?"小小仍然不解。

"因为我昨天才回来呀。"白娘娘诡异地笑了，"再说今天不是休息日，这里的人少呀!"

所有的理由似乎都不成为理由。

“其实,任何一天都可以成为纪念日。只要我们在乎!”祝老师很认真地说。

“小小,你知道雪莱吗?他说过,冬天来了,春天还会远吗?”白娘娘的脸上泛着红晕,“我以前并不相信,但现在我知道,度过了这段最寒冷的日子,我们的好日子会来的!”

蛋糕被切开了,奶油的香味在屋子里飘散开来,虽然对他们的话,小小还有点迷迷糊糊的,但她从内心中希望祝老师和白娘娘都仍然是她认为的好人,她笑着点头,将一大块蛋糕塞进了嘴里。

时间很快,下午上课的时间就要到了。

小小背起书包准备离开。

这个中午,她触及了太多的感动,她还来不及消化。

祝老师挡住了小小:“等等。”

他从床头柜的抽屉里拿出一个很小的却很精致地包上了粉色包装纸的方形盒子。

“这是白娘娘从北京专门买了送你的礼物,因为你的善良,还有你的信任。”祝老师将东西塞进了小小的书包,“回家再慢慢看。”

小小什么也没说。点头表示同意,她甚至没有说一声谢谢。

“还有,以后每年的今天,不管我们身在何处,我们都会记着你的。”

“你们要离开这里了?”

“小姑娘,这是个秘密。我想,你慢慢会知道的。”两个大人开怀地笑了起来。

二、祝老师的传奇经历，让小小相信，一个人跌倒了并不可怕，如果有足够的信念和勇气，他总有一天会爬起来的。

一

又可以看到蜜蜂在阳台上忙碌了，它们终于抵御了严寒的考验！

春风来了，万物正在苏醒。

弄堂里的梧桐树又开始发芽了，绿色的树叶几乎伸到了三楼的阳台上。

小小爸爸笑了，他说："春天来了就好办了，肇加浜的花季要来临了，不愁它们没吃的。"

他不再喂它们吃水果糖了，它们又重新变得生机盎然了。

但就在这时，一场谁也没有料到的灭顶之灾，忽然降临到了这些可爱的小生灵的身上。

那天放学回家时，小小想到她们的童话小屋去看看的。

走进弄堂时，弄堂里弥漫着的一股浓烈的药水味道钻进了小小的鼻子里。

她低头看看弄堂的水泥地板上，那里如今湿漉漉的，天很晴朗，那是怎么回事呢？很快，小小明白过来了，这是喷洒过的药水留下的痕迹和味道。

春天梧桐树上的小虫特别多，一定是环卫工人来打过药水了。

小小三步并作两步上了楼，想尽快将书包放下，然后去那间童话小屋听思妈弹钢琴，思妈已经在童话小屋放了一架钢琴。

蔚蓝色的天空下，粉色的世界中，多了这样的浪漫。

那种快乐，是大家无法形容的。

开心的时候，思妈会走进这间童话小屋，于是，幽雅的钢琴声从这个小屋，传到了弄堂里的梧桐树上，飞过梧桐树，飞到天外！

可是，一到家，她愣住了。

阳台的门开着，爸爸愁容满面地站在那里。

小小走到阳台上时，惊呆了。

阳台的地上，满地都是死了的蜜蜂，爸爸立在那里，一副手足无措的样子，他的眉头紧锁着，很生气又很无奈。

“爸爸，怎么了？”小小的声音带着哭腔。

“那些药水喷到了蜂箱的出入口上……”爸爸有点说不下去。

小小这才发现，伸进阳台边的梧桐树叶还是湿淋淋的，而树叶滴下来的药水，正好落在了蜜蜂的蜂箱上。

就是那些难闻的药水，要了蜜蜂的命。

“如果我早一点发现他们在打药水就好了。”爸爸一遍遍重复着这句话。

他告诉小小，药水打到几只蜜蜂，倒关系还不大。

最糟糕的是，药水恰好喷在它们进出蜂箱的入口处上。

小小看着，看着，想到蜜蜂给她和这整个弄堂的人曾经带来的欢笑。她的泪水止不住流了下来……

那是陪伴了她快一年的蜜蜂啊！

他们甚至偷吃了这些可爱的小生灵收获的果实，可如今，面对它们的离去，小小却是爱莫能助。

……

到了晚上，死去的蜜蜂更多了。

它们无声无息地躺在阳台的地上，密密麻麻的，叫人不忍心多看一眼。

爸爸和妈妈开始打扫阳台，一簸箕一簸箕地将蜜蜂倒进垃圾桶里，看着那些逝去的生命，小小忽然有了一种冲动，她从阳台上捡起一只小蜜蜂。

她回到屋子里，从书包里翻出了日记本，将它压在了日记本里，面对曾经给她们带来欢笑和思念的蜜蜂，她想留下一点永久的纪念！

她和小乔都难过地哭了。

很快，这个消息传遍了整条弄堂，许多人都走了上来，脸上露出感叹唏嘘的神情，叹息着，为那些逝去的蜜蜂默默祈祷。

严冬都过去了，最艰难的日子已经熬过去了，而就在春天快来临的时候，它们却这么悲惨地离开了。

"可惜了，可惜啊！"所有的人都这样表示着！

圆圆、陈平他们也忍不住哭了。

思妈说："走，我们为它们送行。"

她拉着大家回到了那个粉色的小屋，打开琴盖，深情地弹起了一首悲伤的曲子。

音乐穿过房间，穿过花园，穿过弄堂，回荡着。

爸爸后来对小小和小乔说："是的，我也很难过！但就像你们以后所要面临的生活一样,那里总会有许多的挫折和不如意的,这些挫折会让一个人更加坚强和勇敢。”爸爸抚摩着小小的头,像是自言自语,“我会将这一切都写到书里,虽然它们离开了我们的生活,但它们会在我的书中得到永生!”

“是不是生活总有无奈?”小小点着头看着爸爸,她似乎从蜜蜂的故事中领悟了很多。虽然她知道,将有很长一段时间,她都无法赦免心情中的这层灰暗!但她已经懂得了如何去面对!

“是呀,好在我们还可以把握明天!”

爸爸这句话,让小小想到了祝老师,他是不是正像爸爸说的,努力把握着自己的明天?

二

春节将要到了。

早一个星期,正是家家户户最忙碌的日子。

几家人家凑在一起的厨房,从早上开始就是欢声不断,这家在做蛋饺,那家在炒瓜子, 年的气氛,已经慢慢显示出来了。

小小很喜欢这样的时刻,她总是跟在妈妈背后,忙着为她做下手。

这是一年中最让她开心的日子,因为新年的到来,她又可以长大一岁,而更重要的是,这样的时候,弄堂才显示出她最平实和快乐的一面,所有的矛盾似乎都与年无关,大家都收敛起平时可能有的龌龊,为新年的到来忙碌着。

小小望望祝老师家的煤气灶，内心中充满了期待，不知道他和白娘娘在忙些什么，她想起那个纪念日，心中不由得有了一些安慰！

她也想起了那件礼物，一个小小的八音盒，一打开，就有悦耳幽雅的歌声传出。

正在小小思绪飞到祝老师那儿时，一个熟悉的身影果真走进了厨房。

"大家都在啊，正好，正好！"祝老师手上拿着的，是一袋袋红色的包装糖，跟在他后面的，是白娘娘。

"郝阿婆，吃糖啊。谢谢你对我的照顾！"他一边说，一边将一包糖送到郝阿婆的手上。

郝阿婆正在炸猪油，满手的油，不知道是接好，还是不接好。

但她却笑容满面："听说了，听说了，我说啊，祝老师是个聪明人啊！喜糖是一定要吃的，恭喜，恭喜啊！"

然后她用小手指接了糖，转身朝白娘娘笑笑，问道："他真的要到美国去了？才结婚就放他出去，你舍得啊？"

白娘娘点点头，然后帮着将一包糖递到了小小妈妈手里，祝老师看着小小，用眼睛和他打招呼："如果以后想到美国读书，说不定我还帮得上忙。小小很不错哎，她的将来会很好的。"

"哇，美国。什么时候走啊？"显然大家对这个消息都很吃惊。

"明天中午的飞机！所以今天特意来和大家道别。"

"去几年啊？"

"先去三年，把个硕士读出来，以后再说。"

小小一直瞪大眼睛看着祝老师。那是他熟悉和喜欢的祝老师吗?

她有点不能肯定,但她心中充满了一种喜悦。难怪祝老师和白娘娘那么开心,难怪白娘娘说祝老师一直在努力!难怪白娘娘要把家具送了。

她似乎一下子都明白了。

后来,小小才知道,其实,祝老师早就有了出国读书的念头,很早就开始准备了。而那些寂寞难耐的日子,当别人都冷眼看着他的时候,他却很快从阴影中走了出来,跟着广播继续英语的学习,数学很好的祝老师,英语也读得很棒啊!

小小从祝老师身上,忽然看到了一样珍贵的东西。那是一种信念!

她想起祝老师说过的话:一个人是打不败的,除非你自己打败自己!

也许,挫折总会在不经意的时候,就来到你的身边,但那并不可怕,祝老师让她看到了一种希望。

"你们忙,我和白娘娘再到下面去看看。"他们说着退出了厨房。

小小赶紧放下手中的活,跟着白娘娘他们走出了厨房。

她悄悄拉拉白娘娘的衣角。

白娘娘回过头来,示意祝老师先下楼,她看看小小说:"哦,对不起,小小,我一直想早点告诉你。但祝老师说,等等,再等等。"

"他一个人走,你也这么高兴吗?"小小想到的是分离。

“你还不知道，他答应说，去了就想办法把我也弄过去。”白娘娘兴奋地说。

“是吗？是吗？”小小的脸上也泛出了红光。

祝老师让小小一下子长大了很多。

有个曾经的偶像被打倒，而后又重新站起来的那个过程，让小小相信，这个世界上，没有什么做不到的事情。

如果你有足够的信念和勇气的话。

三

第二天，几乎整个弄堂的人都来送祝老师了。

白娘娘已经搬到 2 号楼祝老师的家里。她的眼睛红红的，始终拉着祝老师的手。祝老师呢？只带了个很小的箱子，似乎只是去哪里旅行，迟早要回来的样子。

小小悄悄将她最心爱的白色围巾送给了祝老师，他希望祝老师到了美国后，还能够想起这条弄堂，想起曾经有一个小女孩，默默为他祝福！

祝老师愉快地接受了这礼物。

所以，即使是躲在人群中不起眼的地方，小小觉得，比起弄堂里其他的人，她应该是祝老师心里与众不同的一个。

祝老师朝大家挥手，眼睛在寻找着小小，眯着眼睛朝她笑笑。他让大家别送了，然后，他朝天空望望，长长地吁了口气，似乎想让大家看到这喜悦背后他的不容易。

听说他考出的托福分，拿到了美国一家大学很高的奖学金。

到了弄堂口,已经有一辆小车等在那里了。那是很多年来,这条弄堂开进来的第一辆车。

祝老师钻进车去,放好了行李,又走了出来。

他走到白娘娘的身边,似乎是对她说,似乎想要告诉所有的人:"你当心身体,我一定会信守诺言回来接你的。"

然后他拉住白娘娘的手,走到郝阿婆的身边,郑重其事地对郝阿婆说:"白娘娘以后就住在我那间房子里了,请你多照顾了。"

"当然,当然!"

……

祝老师就这样走了,昂着头离开了弄堂。

他为这条弄堂,留下了一个美丽的故事。

三、一束耀眼的光升腾起来,大家来不及叫好,就看到郝阿婆倒在了地上!

一

祝老师的离开,为这个即将到来的春节,增添了几分快乐的元素。

大家一边忙碌的时候,一边就会回忆起这一年里发生的故事。

大人们开始用祝老师的经历来教育他们的孩子。通常的版本是:"塞翁失马,焉知非福?"或者,就有人说:"有志者事竟成。"

到了年三十的傍晚,年的气氛,才将这一切的唠叨给盖住了。

新年的鞭炮声,已经悄悄响了起来。

小小和小乔坐在阳台的台阶上，认真地拆着一挂100响的鞭炮，那鞭炮，按大人们的玩法，是一口气就放光了，劈劈啪啪的，一点也不过瘾。

小小他们就不一样了，他们一个个拆下引线，放在口袋里。那是整个过年都放不完的！小乔胆子大，点着了，从阳台上扔出去，“啪”的一声，可以让他满足好一会儿，小小也不甘示弱，放在阳台的围栏上，用香烟一点燃，然后快跑，同样很过瘾。

到天黑的时候，他们的口袋里装满了一只只的鞭炮。

这天傍晚的时候，郝阿婆招呼弄堂里的人都到花园里来看烟火。

“这可是人家祝老师的一片心意。”郝阿婆一家家通知，一遍遍说，“他说，不能和大家一起过年了，留下点烟火陪着大家吧。”

听说是祝老师留下了新年礼物，大家都很高兴，纷纷答应着放下手上的事情，跑下楼来。

真的是新年的样子了，很多人都穿着新衣服，小孩子们也特别兴奋，长这么大还真没好好看过什么烟火呢！

白娘娘牵着小小的手，头发盘得高高的。

思妈穿了件暗花纹的中式棉袄，看上去很像画中走出来的人儿，桑晴慧呢，和思妈那个“小偷”儿子一起小心地扶着思妈，两个人的脸上都漾着笑容。

二楼的朱嫣红和弟弟，还有妈妈都来，惟独缺了朱爸爸，有人悄悄耳语，说这家伙老毛病又犯了，被单位送到了公安局里。

郝阿婆用力捧着一个大纸板箱，从2号楼里闪了出来，马上，

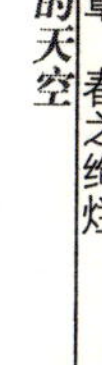

几个男士抢上前去帮她接下，放到了花园的空地上。

郝阿婆示意大家让出点地方，指着纸板箱说："听说祝老师跑了很多地方才买到的，不少呢。白娘娘，"她四处张望，然后对白娘娘说，"别忘了写信告诉祝老师，大家都下来看了啊。"

白娘娘笑着点头。

"你来放？"郝阿婆又说，手却已经伸到盒子里，拿出一个小的。

白娘娘摆摆手："你别客气了！祝老师专门交给你的！你来吧。"

"好，那我来安排了。"郝阿婆笑了，眼睛眯成了一条缝，她其实早有安排了！她找到陈平，对他说："去，问你爸爸要支烟，你来放吧。"

"太好了！"陈平急着冲回了家。

不一会儿，陈平就拿着支燃着的烟从汽车间走了出来。

烟火被放在了地上，大家又退后了几步，陈平侧身蹲下，点燃了引线。

先是几点火星，接着，一道耀眼的光芒腾空而起，照亮了整个花园。

几乎就在同时，欢呼声传遍了整条弄堂。

烟花还在继续，那五彩缤纷的颜色，尽情地绽放着，煞是好看，把大家带到了新年的氛围中，也让大家对美好未来又一次充满了憧憬！

一个放完了，又一个接上。

好家伙！这个直冲上云霄，在空中绽放出一朵朵鲜艳夺目的礼花，人群中即刻爆发出一片喝彩声。

……

弄堂里从来没有像今天这样热闹过。告别了蜜蜂之后，这是弄堂里的又一次盛会。

小孩们不停地跳着，蹦着，欢笑着。

箱子里的烟花很快就要放完了。

最后，郝阿婆拿出了一个最大的。

“哇，这个肯定好看！”大家猜测着。

“陈平，小心点，这个大，可能威力也大。”郝阿婆提醒道。

“放心吧，郝阿婆，我已经有经验了。”陈平应着。

他小心地拆了引线外的纸头，将一根长长的引线露了出来，然后，就蹲了下去，他手中的烟，已经很短了，几乎要烧到他的手指了。

引线点着了，人群都不由得往后退了几步。

可等了一会，却没有动静。

陈平有点急了，他蹲下身子，索性将头凑到烟火前，想看看究竟是哪里出了问题。

“当心！”说时迟，那是快，郝阿婆飞快地冲了上去，她一手将陈平推到一边，一只脚同时踢倒了那只大烟火……

几乎也就是在同时，一股热浪和一束耀眼的光升腾起来，大家来不及叫好，就看到郝阿婆已经倒在了地上。

她重重的身体摔在地上发出很沉闷的声音，而大家看时，才发现，她的腿上，着起火来。

人群都冲了上去,大家手忙脚乱地,终于将火扑灭了。

烟火还在一边放着,可没有人再关心了。

已经有人背起郝阿婆,往医院冲去……

二

春节的后来几天,弄堂里的人都轮流去了医院。

郝阿婆的脚上绑着绷带,人却乐呵呵地一直在笑。

孩子们更是跑得勤快!

以前总是将郝阿婆当做对立面,而这个意外,让大家看到了郝阿婆一颗善良的心!

……

三

年就这样不知不觉过去了。

新的一年又在向小小招手了。

未来的日子,也许会快乐,会充实,当然,也一定会出现许多的不如意。

但经历了12岁的所有故事之后,小小已经做好了坦然面对的思想准备。

她知道,就像祝老师和白娘娘他们,终于可以选择他们想要的生活一样,她也可以选择她想要的生活,只要她有足够的信心和勇气。

面对未来,小小的心里充满了信心!

她相信，12 岁的岁月，还有这条充满着她童年记忆的弄堂，包括这弄堂中所有的人和所有的往事，都会点点滴滴地留在她的记忆深处。

会影响她未来的生活！

会引领她走进一个也许灿烂，也许平凡的未来！